Uma
Bíblia
pode
esconder
outra

Dados Internacionais de Catalogação na Publicação (CIP)
(Câmara Brasileira do Livro, SP, Brasil)

Römer, Thomas
  Uma Bíblia pode esconder outra : o conflito dos relatos / Thomas Römer, Frédéric Boyer ; tradução de Francisco Morás. – Petrópolis, RJ : Vozes, 2024.

  Título original: Une Bible peut cacher une autre.
  ISBN 978-85-326-6768-7

  1. Antigo Testamento 2. Bíblia. A.T. – Crítica e exegese judaica 3. Bíblia A.T - Crítica e interpretação 4. Bíblia - Interpretação e crítica (Exegese) I. Boyer, Frédéric. II. Título.

24-191087   CDD-220.6

Índices para catálogo sistemático:
1. Bíblia : Exegese   220.6

Tábata Alves da Silva – Bibliotecária – CRB-8/9253

Thomas Römer
Frédéric Boyer

Uma Bíblia pode esconder outra

O conflito dos relatos

Tradução de Francisco Morás

EDITORA
VOZES

Petrópolis

© Bayard Éditions, França, 2021

Tradução do original em francês intitulado *Une Bible peut en cacher une autre – Le conflit des récits*, texto de Thomas Römer e Frédéric Boyer.

Direitos de publicação em língua portuguesa – Brasil:
2024, Editora Vozes Ltda.
Rua Frei Luís, 100
25689-900 Petrópolis, RJ
www.vozes.com.br
Brasil

Todos os direitos reservados. Nenhuma parte desta obra poderá ser reproduzida ou transmitida por qualquer forma e/ou quaisquer meios (eletrônico ou mecânico, incluindo fotocópia e gravação) ou arquivada em qualquer sistema ou banco de dados sem permissão escrita da editora.

CONSELHO EDITORIAL

Diretor
Volney J. Berkenbrock

Editores
Aline dos Santos Carneiro
Edrian Josué Pasini
Marilac Loraine Oleniki
Welder Lancieri Marchini

Conselheiros
Elói Dionísio Piva
Francisco Morás
Gilberto Gonçalves Garcia
Ludovico Garmus
Teobaldo Heidemann

Secretário executivo
Leonardo A.R.T. dos Santos

PRODUÇÃO EDITORIAL

Aline L.R. de Barros
Marcelo Telles
Mirela de Oliveira
Otaviano M. Cunha
Rafael de Oliveira
Samuel Rezende
Vanessa Luz
Verônica M. Guedes

Conselho de projetos editoriais
Isabelle Theodora R.S. Martins
Luísa Ramos M. Lorenzi
Natália França
Priscilla A.F. Alves

Editoração: Natalia Machado
Diagramação: Sheilandre Desenv. Gráfico
Revisão gráfica: Bianca Guedes
Capa: Rafael Bersi

ISBN 978-85-326-6768-7 (Brasil)
ISBN 978-2-2274-9945-4 (França)

Este livro foi composto e impresso pela Editora Vozes Ltda.

Sumário

Introdução, 7

1 As cicatrizes da criação, 13

2 A fabricação plural de Abraão, 43

3 O jogo Abraão-Moisés, 67

4 As metamorfoses de Jacó, 71

5 O romance de José, herói da diáspora, 79

6 O Êxodo, uma epopeia paradoxal, 97

7 A terra, do dom à conquista, 127

8 O obstáculo da realeza e as adequações do cânon, 155

Conclusão, 177

Referências, 197

Introdução

Este livro nasceu de uma conversa tida ao longo de vários meses entre nós autores. Queríamos reler os grandes textos fundadores da Torá e, seguindo os meandros e as surpresas dessa conversação amiga e de alto nível, nos interrogamos sobre o que essas histórias ainda têm a nos transmitir, milênios mais tarde, e como as recebemos, na ordem, às vezes estranha, segundo a qual elas foram organizadas, conservadas e compiladas, para constituir esse livro que denominamos Bíblia. Nossas conversas versaram sobre as dificuldades, as bizarrices, as repetições e os deslocamentos de motivos que interferiram na elaboração dos textos. Progressivamente fomos questionando as imagens da terra e do povo, os grandes personagens dessa história múltipla, aquela do juramento da divindade doando uma terra a Abraão e à sua descendência, o destino desse juramento ao longo de várias tradições narrativas. A atenção viva que demos aos textos e aos detalhes das narrativas nos levou a fazer perguntas difíceis: A quem pertence a terra? Por que conquistá-la se ela foi prometida e dada? Ao mesmo tempo, porém, nos questionamos também sobre a construção dos grandes personagens da Torá; sobre a "covardia" de Abraão diante do Faraó; ou sua escandalosa obediência aparente à ordem de sacrificar seu filho amado, Isaac, o filho da promessa; sobre a misteriosa exclusão de Ismael, o primeiro filho de Abraão, a quem a divindade promete igualmente estar à frente de um povo numeroso; sobre José e sua feliz estada em terra estrangeira; sobre o enigma de Moisés libertando o povo da servidão no Egito, e paradoxalmente morrendo sem poder entrar na terra prometida; sobre Davi, rei-messias na tradição, mas cuja narrativa bíblica não esconde nenhuma de suas artimanhas nem seus pecados...

A lenta composição desses textos, por várias gerações de escribas e através de várias tradições de recepção, manteve quase como que voluntariamente os vestígios das discussões que influenciaram a constituição dos diferentes cânones das Escrituras, revelando assim desafios históricos e hermenêuticos. Onde parar a narração do dom da terra? Como associar as diferentes visões do exílio e seu retorno segundo os destinos divergentes das comunidades em terras estrangeiras? Como compreender a diversidade da literatura profética quando a Torá tem seu desfecho com a afirmação segundo a qual "nunca mais em Israel surgiu um profeta como Moisés" (Dt 34,10)?

Para qual experiência somos instados ao lermos as narrativas bíblicas, notadamente este grande conjunto fundador, a

Torá, os cinco primeiros livros da Bíblia, denominados Pentateuco em grego? Os textos bíblicos pretendem responder a questões que também são nossas: os inícios do mundo e da humanidade, o povoamento da Terra, os limites de nossa condição, nossa constituição sexuada e nossas relações com os demais seres vivos, a violência em nosso meio... Mas ler com atenção é imediatamente descobrir que nunca temos uma resposta unívoca. Os próprios relatos são construídos a partir de vários caminhos, de diferentes fontes, às vezes contraditórias, como se a longa linhagem de escribas e redatores tivesse preferido guardar os vestígios e as cicatrizes dessas compilações, dessas repetições ou dessas variações. Essa mesma leitura atenta nos permite perceber que foram conservados dois relatos diferentes da criação do mundo e da humanidade, assim como foram colocadas em paralelo uma versão positiva da realeza de Israel e outra sombria, trágica, sangrenta. São propostas, inclusive, na tradição messiânica, várias opções em relação ao retorno do rei-messias. O próprio Davi, em alguns textos proféticos, deixou de ser essa figura aguardada. A própria epopeia de Abraão é construída sobre estranhas repetições de motivos. A terra, numa primeira versão, é obviamente prometida por juramento a Abraão e à sua descendência, sem que jamais se mencione uma posse exclusiva de um povo sobre os demais; uma segunda tradição, por outro lado, vai narrar sua conquista violenta. A gesta de Moisés também, em muitos aspectos, é contraditória. Tudo isso é parte integrante da arte bíblica de narrar e compor.

Quando lemos atentamente esses textos, nos intrigamos com a própria narrativa. Nunca estamos onde pensávamos estar. Poderíamos falar em "competição" de narrativas, não no sentido de uma rivalidade, mas em razão de diferentes narrativas "concorrerem" juntas, e traçarem, de alguma forma, vários caminhos de interpretação (segundo o latim *concurrere*, significando correr apressadamente, acorrer com, ou junto). Diferentes tradições trabalham juntas na elaboração da Torá; diferentes narrativas ou diferentes tradições narrativas entram em concorrência, notadamente na história da relação com a terra, impedindo assim qualquer leitura unívoca. Veremos também, após a derrota do reino de Judá (597 a.C.) e o cerco a Jerusalém (587 a.C.), como se exerceu uma influência da diáspora, babilônica ou persa, sobre outra memória narrativa, mais preocupada agora em relatar a volta a Jerusalém e em reconstruir o Templo.

Ler equivale então a uma espécie de investigação, evidenciar os indícios desses costumes e dessas diferentes tradições conservadas num mesmo conjunto escriturístico. Nosso fio condutor consiste em sublinhar que muitas vezes não há uma única narrativa, mas ao menos duas ou três; e que não dizem necessariamente a mesma coisa, como, contrariamente, os Evangelhos Sinóticos. Os textos da Torá foram conservados em sua diversidade. E, sem dúvida, foi de forma consciente. Entendemos, pois, que, na leitura, não é possível "excluir" textos, tampouco isolá-los. O que se entenderia da criação isolando Gênesis 1 e Gênesis 2? Trabalhando esses textos percebemos que essa construção plural é quase "orgânica". Suprimir um "órgão" é o mesmo que desequilibrar o corpo que estrutura a narração bíblica. Cremos que, em muitos aspectos, essa arte bíblica de narrar e compor uma biblioteca de textos e de histórias favorece de alguma maneira uma recepção e uma leitura críticas capazes de acolher essas diferenças, e de fazê-las interagir. O narrador e os redatores da Bíblia estimulam assim seu leitor a uma discussão e a um trabalho vivo de interpretação, sem os quais esses relatos permaneceriam hoje "letra morta".

1
As cicatrizes da criação

Como ler hoje os textos bíblicos do Livro do Gênesis sobre a criação? Como compreender o estatuto desses textos, diferentes uns dos outros e, não obstante, associados? O que se quer dizer aqui por "criação do mundo", e a razão pela qual esses textos foram escolhidos para, de alguma forma, fazer parte da abertura do livro que universalmente passou a ser denominado Bíblia? De bom grado concordamos primeiramente que não é inútil começar por aprender de onde viemos, e em qual mundo estamos. A Bíblia aqui não é tão original assim. A Antiguidade já nos ofereceu uma quantidade enorme de narrativas e mitos para explicar as origens. E inúmeros povos conservaram um material oral ou escrito sobre a nossa presença no mundo e sobre as forças que regem a natureza. Mas relatar acontecimentos para os quais, por definição, não temos nem testemunhas nem fontes é um empreendimento delicado. Inevitavelmente fazemos então hipóteses, tateamos, inventamos, mas sobretudo partimos com o que temos sob os nossos olhos, com nossa experiência do mundo, com nossa existência, com as questões que nos colocamos. Portanto, talvez não seja tão surpreendente assim vermos na Torá duas tentativas ou duas propostas para tentar relatar ou explicar os inícios (trata-se de Gn 1,1–2,3 e de Gn 2,4–3,24). Estariam os dois textos bíblicos relatando realmente a mesma coisa, oferecendo-nos duas versões da origem e do destino da humanidade? Se admitirmos que propositalmente eles foram situados nessa ordem sucessiva, urge buscar então as razões e descobrir o que está acontecendo entre um e outro relato.

Que esses relatos formam um conjunto, todos estão de acordo. Suas semelhanças são muitas. Um e outro falam de uma criatura fabricada pela divindade e nomeada *adam*. O hebreu brinca com termos e letras; esse termo vem da palavra *adamah*, que designa terra, barro como material. A figura de um Deus criador e oleiro é bastante familiar no conjunto dos mitos da humanidade que versam sobre a criação dos seres vivos. Mas a César o que é de César, também encontramos nos dois textos o termo *elohim*, um plural designando seja a divindade, seja as divindades, de acordo com os contextos. E esses dois, o *adam* e o plural *elohim*, são os heróis da história que começa. Imediatamente, porém, nos preocupamos com uma dupla questão. O primeiro capítulo do Gênesis relata a criação do mundo por um Deus soberano e por sua palavra.

Uma criação mais harmoniosa do mundo: sem drama, sem verdadeiro combate, como é possível ler em textos mesopotâmicos da criação que teriam, em certa medida, inspirado os redatores da Bíblia. É o que normalmente se aprende, ou a imagem que conservamos dos relatos. A divindade bíblica só tem por arma, em certa medida, a palavra, o poder de nomear os elementos. Em última análise – é o que parece nos querer explicar esse primeiro relato –, dispomos das palavras para fazer o mundo. Nomear é criar, e é sobretudo habitar um mundo comum, identificá-lo, ordená-lo, reconhecê-lo juntos.

Mas assim procedendo, esquecemos um pouco rapidamente demais o paradoxo de uma primeira criação dos seres humanos, "à imagem de Deus", homem e mulher, seguida de um segundo relato (Gn 2,4–3,24), que vem colocar uma certa desordem na representação da criação. Era necessário, pois, um novo relato de criação da humanidade [*adam*], e poder relatar assim a criação *segunda* da mulher! Um e outro relato oferecem, pois, uma versão um tanto quanto diferente da criação e de suas consequências. Gênesis 1 diz que o primeiro exemplar da humanidade, o *adam*, é feito "à imagem" de Deus (Gn 1,26), homem e mulher. Fato este não confirmado pelo segundo relato. Colocado na sequência desse primeiro texto, ele dá outra versão da criação da humanidade: um *adam* sozinho, sem especificação de gênero ou de sexo, seguido de circunstâncias estranhas da criação de outro indivíduo que será identificado e reconhecido pelo primeiro indivíduo como mulher. Mas aqui os problemas começam, visto que o casal rapidamente é instruído a respeitar um mandamento obscuro sobre uma árvore do jardim e cuja inevitável transgressão provocaria a exclusão, a expulsão do jardim. Desobediência (se disso se trata), que a Igreja interpretará mais tarde como "pecado original". Este é o grande problema da Bíblia: nela foram introduzidas progressivamente interpretações que teriam moldado e influenciado nossa leitura dos textos. Ainda voltaremos a essa questão.

A priori, esses dois relatos não andam necessariamente juntos. Mas ainda que nem sempre narrem os mesmos acontecimentos, eles propõem várias vias de compreensão deles. Eles estão aí para que reflitamos sobre sua associação. Como fazê-lo? Qual caminho assumir para articulá-los? Já que não se trata, exatamente, de relatar duas vezes a mesma coisa; já que a leitura desses textos se torna subitamente problemática por tratar-se de realidades não familiares nem óbvias; já que a humanidade é criada macho e fêmea e ocupa um lugar preponderante na criação; já que ela tem uma relação com os outros seres vivos e com a divindade...

Esses dois relatos pertencem ao ciclo dos 11 primeiros capítulos da Bíblia que narram os inícios da humanidade. Mas nada falam especificamente de Israel, do povo eleito, personagem principal da Torá; ou seja, dos cinco primeiros livros de nossas bíblias (conjunto denominado Pentateuco, em grego). Os 11 primeiros capítulos do Gênesis abordam as grandes questões universais, como a origem do mundo, da humanidade, da violência, da dispersão dos povos sobre a terra, da diversidade das línguas... Portanto, não é por acaso que esses textos foram inseridos na abertura do livro, ou de toda a biblioteca da Bíblia. Israel só aparece mais tarde. Como se os redatores ou compositores desse conjunto quisessem primeiramente dirigir-se a todos, inserir-se num conjunto de questões compartilhadas por todos os povos.

O primeiro capítulo do Gênesis, atribuído aos sacerdotes escribas (à tradição dita sacerdotal), não fala do Deus de Israel, mas usa um termo que também pode ser um plural em hebraico, *elohim*, que pode significar os deuses, as divindades. Para o leitor ou ouvinte, podia tratar-se de não importa qual divindade criadora, já que, a princípio, esses textos não eram destinados à leitura individual, privada, mas destinados à recitação, a ser ouvidos em comunidade. Portanto, os ouvintes podiam nem estar sabendo exatamente de qual divindade se tratava. Digamos que há uma vontade deliberada de dirigir-se a todos, não somente a Israel, mas igualmente um desejo de, num primeiro ato do drama, não especificar a identidade local ou nacional do Deus em questão.

O mistério adensa-se ao lermos o segundo capítulo. Os redatores desse texto teriam justaposto a esse nome genérico *elohim* um estranho tetragrama, quatro letras hebraicas, só mais tarde reconhecido nos textos como sendo o nome do Deus de Israel: *YHWH*[1] *elohim* (Javé a divindade, se

---

1. O judaísmo não pronuncia mais as quatro consoantes do nome de Deus, o tetragrama. É possível que a pronúncia tenha sido "Yahvé", mas disso não temos certeza. Na sequência do texto simplesmente transcreveremos o nome do Deus de Israel pelas quatro letras *YHWH*.

quisermos vocalizar e traduzir), ao qual o termo *elohim* é integrado, numa espécie de acrônimo. De um relato ao outro, a nomeação de Deus, sua identidade, se complexifica. Diferentes tradições de nomeações da divindade foram compiladas. Nos inícios, portanto, há uma pluralidade divina ou um divino plural. Isso é confirmado pela estranha expressão de Gênesis 1,26[2]: "Façamos *adam* à nossa imagem...", que também poderíamos traduzir por: "Façamos uma humanidade à nossa imagem". Uma humanidade macho-e-fêmea, à imagem da divindade! Como explicar que a divindade se expresse aqui, pela primeira vez, no plural? Significaria que a própria divindade poderia ser macho-e-fêmea?

No capítulo 2, versículo 7, *YHWH elohim* criou ainda "um *adam*", mas sem a distinção macho e fêmea. Uma espécie de criatura andrógena, diriam os rabinos. Ora, o que pretendemos enfatizar massivamente aqui não é o primeiro relato de criação da humanidade, mas Gênesis 2 e 3, nos quais esse *adam* indiferenciado se desdobra em homem e mulher. A história da arte, por sua vez, vai se apegar a Gênesis 1 para representar a criação do mundo, o céu, a terra, os astros, o mar, os animais e as plantas, e assumirá mais como modelo da criação humana a representação do homem e da mulher de Gênesis 2 e 3. Note-se que esses dois relatos tentam dizer cada um, de maneira diferente, alguma

---

2. Os textos bíblicos que citamos aqui procedem da nova tradução francesa da Bíblia publicada pela Editora Bayard (2001), mas a tradução às vezes é adaptada por nós, autores deste livro, quando a interpretação o exige.

coisa de importante sobre a humanidade: que ela é uma e dupla; que ela depende da criação; que ela é igualmente sua guardiã; e que podemos vê-la no centro da criação, com a missão de "dominá-la", mas também como criatura dependente do conjunto dessa criação, e cuja própria condição está submetida a ela (nascimento, mortalidade). Trata-se de duas verdades que, para nos compreendermos, sempre devemos ter presente no espírito; é como se fossem, em última análise, dois relatos de nós mesmos.

O primeiro relato é sem dúvida mais subversivo. Bem mais do que as representações e interpretações tradicionais que temos dele. A divindade criadora fala no plural. Por que isso acontece? Poderia tratar-se, para alguns, de um plural majestático. Mas o Talmude explicará que Deus se dirige aos seus anjos, associa a coorte celeste à sua atividade. Outros, mais audaciosos, dirão que Ele fala à sua mulher, ao seu *vis-à-vis*, modelo que reproduz no casal humano à sua imagem. Gênesis 1 é, portanto, um texto cuja descrição da criação dos humanos foi um pouco ignorada, em comparação com o segundo relato da criação que, por sua vez, introduz outra história, na qual Deus aparece ao mesmo tempo próximo e mais "intervencionista", e também, à sua maneira, mais preocupante.

Esse segundo texto não é mais realmente um relato de criação. Nele se diz, aliás, que a divindade planta um "jardim" (*gan*, em hebraico, designa um lugar fechado, um jardim fechado). Isso significa que já existe uma espécie de terra presente, e no interior da qual a divindade se reserva, se concede um espaço privado, aos moldes dos reis assírios e persas dos milênios II e I antes da Era Cristã, que também tinham seu jardim reservado para si e para os seus próximos. Mas esse novo relato aporta sobretudo outra resposta à presença da humanidade. Se no primeiro relato a humanidade foi criada para ser uma "imagem" da divindade, à sua semelhança, e para governar a criação, aqui o gênero humano é mais distinto da divindade, e a ela está subordinado, situado enquanto jardineiro ou guardião do lugar. A grande questão posta nesse segundo relato é então a de saber *se* e *como* a divindade e a humanidade podem coabitar nesse mesmo lugar ideal e real. Pergunta fundamental que encontramos também na mitologia grega. O texto bíblico avança de forma sutil. Em Gênesis 2 e 3, a questão não é mais apenas a criação do mundo e da humanidade, mas especificamente a presença comum dos deuses e dos homens, e igualmente saber qual coabitação seria vislumbrável.

YHWH elohim necessita do humano como jardineiro do lugar privilegiado que plantou para cultivá-lo (*abad*) e guardá-lo (*shamar*). Assim, a questão de sua presença se impõe! Mais rapidamente nos damos conta de que, talvez, nem seja tão evidente a existência de um jardineiro naquele jardim que denominamos *paraíso*... É por demais sabido que as histórias de coabitação são sempre delicadas. Nelas discute-se muito sobre compartilhamento de espaço e de bens. Não seria exatamente isso que Gênesis 2 e 3 relata? O casal humano explora o jardim, mas urge que num dado momento o abandone, já que é do conhecimento de todos que a humanidade não permaneceu para sempre nele, ou seja, que ela povoou toda a terra (como o indicou, aliás, o primeiro relato). É o que Gênesis 2 e 3 vai fazer. A questão recai exatamente sobre a coabitação entre a divindade e a humanidade, e simultaneamente sobre sua distinção espacial e temporal.

Desde que o Deus YHWH instala o *adam* como guardião do jardim que mal havia plantado, estabelece uma regra de circulação e de uso dos espaços: "Tu podes comer livremente de todas as árvores do jardim, mas não comas da árvore do conhecimento do que é bom ou mau" (Gn 2,16-17). Proibição ausente no primeiro relato que, por sua vez, e ao contrário, oferecia toda a vegetação como alimento à totalidade dos seres vivos (Gn 1,29-30). Agora a palavra já não serve mais apenas para dar vida, mas também para dividir, para opor-se. A proibição recai sobre a experiência do sabor (que, aqui, estaria na origem da experiência de toda sabedoria), que subsequentemente confirmará "a visão apetitosa" (Gn 3,6) que o casal terá da árvore em questão. Ainda estamos longe da representação moral, unívoca, do "conhecimento do bem e do mal", que traduções e tradições ulteriores acabaram transmitindo. Compreende-se, a esta altura, que a proibição é uma regra de coabitação, naquele lugar privado, entre a divindade e a humanidade. Coabitação misteriosa, difícil. A divindade, por sua vez, passeia livremente pelo jardim, e a humanidade pode inclusive ouvi-la, falar com ela: "*YHWH elohim* percorre (*halak*, atravessa, vai e vem) o jardim" (Gn 3,8). Esse é o caso ainda de Caim e Abel (Gn 4). Quanto à proibição, ela só está aí para provocar a discussão entre a divindade e a humanidade, notadamente sobre a liberdade de dispor dos bens do jardim, de poder saborear de todos os seus sabores. O que está em jogo no mito é a rivalidade, ou o ciúme entre as duas partes. Mas aqui também pode estar em jogo a própria palavra, seu poder de autonomia, de julgamento, de dizer ou não o verdadeiro, de seduzir, de expressar o desejo, de enganar.

Deus permanece presente ainda junto a Caim e Abel (Gn 4), mesmo quando o casal humano já foi expulso do Jardim do Éden. É somente depois do dilúvio que não se menciona mais Deus "percorrendo" a terra em que vive a humanidade. Aqui Ele é colocado no céu, e às vezes pode descer, mas sua presença não está mais no mundo. A partilha do espaço é realizada com o aparecimento dessa verticalidade divina. A comunicação se fará então pelo sacrifício (a fumaça que se eleva em direção ao céu), e que é, de certa maneira, legitimada após o dilúvio. Ainda assim, complexidade suplementar, houve uma tentativa de sacrifício prévia, relatada na narrativa de Caim e Abel, que se revelou um fracasso, o fratricídio (denunciado também pelo texto como primeira falta, primeiro pecado); a divindade tendo feito uma distinção entre os dois sacrifícios oferecidos por cada um dos irmãos. Esse conjunto dos primeiros relatos bíblicos tenta finalmente mostrar que os humanos encontraram e aceitaram sua autonomia, e a razão pela qual se separaram de um ideal. Trata-se de relatar ao mesmo tempo como a humanidade deve pensar-se "à imagem" de Deus, e como ela deve também necessariamente reconhecer sua condição humana, distinta do ideal divino. A violência com que a Igreja fará pesar sobre Gênesis 2 e 3 a interpretação do "pecado original" de alguma forma "enquadrou" a originalidade desses textos. Lá onde esses relatos dão uma explicação gráfica da liberdade e da autonomia humanas, dizendo que a humanidade deve sair do jardim, o "pecado original" lerá exclusivamente uma forma de condenação, de banimento, guardando apenas a imagem dos querubins com espadas guardando o jardim, após o exílio do primeiro casal.

Ao ler Gênesis 1, e em seguida a totalidade de Gênesis 2 e 3, uma questão decisiva emerge, e que demanda solução: Poderia a humanidade criada à imagem da divindade, como o afirma Gênesis 1, coabitar harmoniosamente com a própria divindade, em um mesmo lugar? Esse modelo parece não ser mais evidente; é então que se impõe a interessante e difícil questão da rivalidade mimética: ser "como um, ou mais *elohim*, deuses", segundo a expressão do relato bíblico. Tudo acontece como se essa imagem se tornasse problemática tão logo imaginada, como se simultaneamente essa semelhança fosse esperada e impossível. Ou ainda, como se urgisse relatar a separação, mas conservando a cicatriz da semelhança divina.

O relato é sutil e essa separação não intervém de uma só vez. O drama, de certa forma, se instaura de maneira impressionante quando Deus constata a solidão de seu jardineiro: "*YHWH elohim* disse: Não é bom que o *adam* esteja só. Vou fazer-lhe uma auxiliar que lhe corresponda" (Gn 2,18). E a primeira resposta a essa solidão de ser homem, de ser humano, é o animal. Ora, estamos diante, pois, se assim podemos falar, de uma curiosa "falha" da criação, já que Deus criou os animais para corrigir essa solidão, muito embora o relato constate imediatamente seu fracasso ao fazer desfilar os animais diante dos olhos do *adam*: "Para o *adam*, nenhuma auxiliar lhe corresponde" (Gn 2,20).

Seria tão curioso assim fazer do animal nosso companheiro quando sabemos que as sociedades, na origem da elaboração e circulação dessas histórias, eram agrárias, em parte nômades, que davam grande importância à criação de animais? Talvez se trate menos de um erro do que de uma reduplicação do relato. Urge contar duas vezes para responder a todas as questões que são colocadas. De alguma forma, Deus tateia. Sim, nesses relatos Deus é um pouco artesão. Assim como na história de Caim e Abel: Deus, aceitando a oferenda de Abel, e não a de Caim, provoca a cólera de Caim, que mata seu irmão. A divindade deve então responder ao medo de Caim de ser morto, por sua vez, por vingança. A primeira resposta de YHWH é a de afirmar: "Se Caim fosse morto, seria vingado sete vezes" (Gn 4,15). Resposta tradicional de uma vendeta clânica! Mas o relato adiciona, como se essa ameaça não bastasse, a sua ineficácia: "YHWH pôs um sinal sobre Caim para que o primeiro que aparecesse não o ferisse". Esse sinal, impreciso, previne qualquer ato de vingança. Como se Deus, de certa maneira, devesse repreender-se. Da mesma forma, no relato do jardim, a divindade, para responder à solidão do *adam*, precisa, num segundo momento, voltar à sua primeira resposta, isto é, a criação dos animais. E é posteriormente que vem a diferenciação homem/mulher para responder à solidão da humanidade, até então indiferenciada, no jardim.

Acessoriamente, a criação dos animais origina a invenção da linguagem humana, ou o surgimento da linguagem para superar a solidão da própria vida: nomear o outro ser vivo oferecido ao meu conhecimento. O surgimento da linguagem intervém no reconhecimento e na nomeação do outro, que será ao mesmo tempo um auxílio (*ezer*, termo que só aparece umas 20 vezes no *corpus* bíblico para designar principalmente aquele que chamamos em auxílio, e não simplesmente como um servidor ou uma empregada doméstica), e alguém à nossa frente, senão contra nós (*kenegdo* em hebraico, literalmente: "como face ou oposto" a mim). A expressão *'ezèr kenegdo* aparece em Gênesis 2,18: "YHWH *elohim* disse: Não é bom que o *adam* esteja só. Vou fazer-lhe *'ézer kenegdo*" (literalmente: uma auxiliar ou um auxílio para/contra ele). O *adam* põe-se a falar, a chamar literalmente (*qara* em hebraico), como se pedisse ajuda aos vivos (animais) que a divindade faz desfilar diante dele. Mas ao seu chamado ninguém responde. O texto bíblico especifica: "Não havia para *adam* auxiliar que lhe correspondesse". Não havia outro para confrontar-se carnalmente na linguagem.

A grande questão é saber então se o primeiro *adam* já é um macho, portanto, sexuado. Ou, como já nos primórdios o dizem os rabinos, se esse *adam* não seria inicialmente um indivíduo indiferenciado, ou andrógeno. O célebre relato dessa distinção (Gn 2,21-23) é enigmático. O outro aparece como se saído do torpor (*tardemah*, em hebraico, que significa sono profundo, arrebatamento, êxtase) do *adam*, saído, como se diz tradicionalmente, de sua costela. Mas o termo hebraico *tselem*, traduzido por costela, significa, ao contrário, lado, de certo modo descrevendo mais uma duplicação. *Adam* se encontra diante de outro *si mesmo*, que está ao seu lado, ou ao lado dele. E, num segundo momento ainda, *adam* denomina esse outro *isha*, mulher, e a si mesmo *ish*, homem. Mas ela ainda não é Eva. Esse nome só aparece no texto por ocasião da saída de ambos do jardim. O casal se completa, de algum modo, com a necessidade de sair do jardim. É somente a partir do momento em que o casal humano deixa o jardim, que a mulher se torna Eva, aquela que dá a vida. Portanto, a lógica do relato pretende que, se eles não tivessem saído, nós não existiríamos!

A humanidade é designada, pois, num primeiro relato, como reflexo, como estátua da divindade, sob o modelo da imagem do rei como divindade encarnada no humano. E, num segundo relato, Deus expulsa o casal humano que teria buscado assemelhar-se a Ele, que teria se apoderado dessa imagem! É o episódio da árvore e do fruto no qual a aposta, de acordo com apresentação da Serpente, é identificar-se com a divindade: "Deus sabe bem que no dia em que vós o comerdes, vossos olhos se abrirão. Vós sereis como *elohim*..." (Gn 3,4-5). Segue-se a exclusão do jardim, fundada e justificada pela longa descrição da condição humana que nos diferencia concretamente dos deuses: trabalho, sofrimento, relações de força e de dominação, natalidade, mortalidade...

Esses dois relatos dos inícios são reagrupados, mas com visões bastante diferentes. Se eles se repetem, é para mostrar o paradigma da criação. O primeiro relato diz algo sobre a proximidade entre a humanidade e a divindade; já o segundo, embora a proximidade não seja negada (o *adam* fabricado com o barro, *adamah*, e com o sopro divino, é como que um *golem*), diz que a humanidade não deve pretender tornar-se divindade, e que a comunicação entre o divino e o humano deve ser construída de outra forma. Trata-se de explicar a diferenciação tanto da própria humanidade, macho e fêmea, quanto da humanidade com a divindade. Como se essas diferenças, ou distinções, fundassem nossa origem.

Na verdade, nesses relatos temos uma dupla reflexão sobre a origem da humanidade. Por um lado, a humanidade como auge da criação, a humanidade como imagem de Deus, que originariamente era um título real, e que agora é aplicado à humanidade inteira. Criação ideal que será corrigida no relato do dilúvio. Nesse primeiro relato de criação, a humanidade é criada de forma pacífica, é chamada a reinar sobre o mundo, com a totalidade dos seres vivos da terra, mas sem violência, e segundo um regime alimentar vegetariano:

"Eu vos dou como alimento toda erva que produz semente sobre a terra, as árvores frutíferas que dão semente. E dou por alimento todo vegetal a todo animal sobre a terra, a todo aquele que voa no céu, a todo aquele que se desloca sobre a terra, vive e respira" (Gn 1,29-30). Regime alimentar generalizado à totalidade dos seres vivos que, por consequência, exclui a violência, o consumo de carne e de sangue. No segundo relato tudo é mais conflitivo. O primeiro relato insiste no estatuto particular do humano em relação ao resto do mundo e dos seres vivos, embora lá igualmente os animais não sejam criados para servir de alimento à humanidade. No primeiro relato, a humanidade governa o mundo, mas aparentemente sem violência. O segundo relato se concentra na condição humana com seus paradoxos, com sua violência, com suas diferenças... Da forma como esses paradoxos eram conhecidos pelas pessoas a quem esses relatos eram destinados. Ou seja, dureza das condições tal qual as populações agrárias as vivem: secas, terra a ser cultivada, desbravada, animais perigosos nos campos... O primeiro relato, de inspiração babilônica, poderia ser lido como uma resposta à epopeia muito mais violenta da criação, *Enûma Elish*, que narra o assassinato da divindade Tiamat, uma espécie de monstro marinho, com cujo cadáver o deus Mardouk fabrica o universo. E nesse primeiro relato, aliás, contrariamente ao que afirmam alguns comentários, Deus não criou tudo em Gênesis 1. O *tehom* (profundezas, abismo, águas primordiais e caóticas) já está lá, ele preexiste à criação do mundo, semelhante ao ato criador da divindade Tiamat da epopeia babilônica. As trevas também já existem, juntamente com a *tohu wabohu*, a desordem, e o caos, que precedem a criação. O ato de criação é descrito, portanto, como uma ação para pôr ordem, para organizar os elementos, para afastar as trevas, para domar as águas; um pouco como o faz Mardouk, embora ele o faça com maior violência. Também podemos nos interrogar sobre as primeiras palavras de Gênesis 1, *be rê'shît* (literalmente, "enquanto", ou "em um começo"). Rashi já havia explicado em seu comentário ao Livro do Gênesis que esse texto "não nos oferece a ordem da criação, não nos diz que esses elementos foram criados primeiramente. Se assim fosse, o texto deveria dizer *Bare'shit* (em primeiro lugar), pois essa seria a vocalização para dizer 'no começo'". Os exegetas rabínicos se perguntaram sobre o sentido da vocalização dos massoretas, daqueles que introduziram os sinais de vogais no texto, que em sua origem era consonântico. Seria necessário atribuir um valor de locução adverbial ou de conjunção temporal à preposição *be*? Aqui estamos diante de um certo começo possível, não necessariamente de um começo absoluto. Só muito mais tarde será falado de criação *ex nihilo*. Esse relato ainda pertence ao contexto do Oriente Médio. As águas primordiais já estão lá, antes da criação, como nos textos egípcios ou mesopotâmicos. Para que o mundo seja habitável, adaptado ao homem, é preciso domar as trevas, as águas, e criar uma espécie de espaço protegido, mesmo que esse mundo, no relato bíblico, seja criado pela palavra. Mas isso, em certa medida, é simultaneamente verdadeiro e falso. A palavra, a nominação dos elementos suscitam a criação, e de alguma forma despertam a composição do mundo que em si mesmo é chamado a fazer crescer, a fecundar-se, a criar. Portanto, não existe aqui, abertamente, a ideia de um combate como em outros textos do Oriente Médio.

Esse primeiro texto pode ter uma vocação política, no sentido exato de dar uma ordem, de definir o nosso viver no mundo. Gênesis 1 descreve a organização espacial e temporal do mundo, e inscreve no centro de sua composição a função real da humanidade sobre a criação. No momento em que esses relatos são redigidos, já não há mais realeza em Israel (em razão do exílio da Babilônia, após 586 a.C.). Mas o relato da criação retoma a imagem real, aplicada à totalidade da humanidade. É uma visão mais ampla, atribuída aos sacerdotes exilados na Babilônia que puderam conhecer as grandes epopeias babilônicas. Esses relatos bíblicos, provavelmente compilados à época persa (entre 538 a.C. e 330 a.C.), no período da volta a Jerusalém e da reconstrução do Templo, podem constituir um projeto político para essa restauração. Outra observação: para esses sacerdotes, parece não haver um problema religioso entre os diferentes povos integrados no Império Persa naquela época, ou entre diferentes concepções religiosas, já que a ideia central é a do *elohim*, divindade de certa forma não especificada, não nomeada, e que ao mesmo tempo podemos compreendê-la como um único Deus ou como uma miríade de deuses. É somente mais tarde que se dará um nome à divindade. Quando Deus se revela a Abraão (Gn 17), Ele se apresenta como *El Shaddaï* (geralmente traduzido por "Deus todo-poderoso"). Muito embora *El Shaddaï* também possa ser o deus dos campos. Efetivamente, podemos encontrar *shaddaim* nas tribos árabes, sem esquecer, porém, que Abraão é o pai de Israel, o ancestral das tribos árabes. É finalmente a Moisés que Deus revela seu "verdadeiro" nome, quando diz: "Deus disse ainda a Moisés: Eu sou YHWH. Eu apareci a Abraão, a Isaac e a Jacó como *El Shaddaï*; mas não me dei a conhecer a eles sob o nome YHWH" (Ex 6,2-3). Serão necessárias várias etapas para chegar ao Deus único e nomeado. O único privilégio de Israel será finalmente o de conhecer o nome YHWH, mas trata-se do mesmo Deus que faz chamar-se *elohim* ou *El Shaddaï*. Mantendo-nos assim na lógica dos autores que identificamos com um ambiente sacerdotal, não encontramos violência entre os diferentes grupos ou povos, contrariamente ao que vemos no Deuteronômio, no qual se explica que eles não devem misturar-se com outras nações, que urge destruir os ídolos e combater as outras divindades. Não podemos dizer que existe um projeto sacerdotal aos antípodas da lógica deuteronomista, segregacionista, lógica que se encontra no Livro do Deuteronômio e nos livros posteriores (de Josué até Reis), e que ainda hoje existe. Só existe um único e verdadeiro Deus, e os que quiserem viver na verdade devem adotá-lo. Podemos encontrar essas duas visões, sacerdotal e deuteronomista, na história das missões. As missões católicas, opostas às protestantes, estavam, de certa forma, muito mais preocupadas com a integração das tradições locais. Os protestantes pendiam mais para os confrontos e exigiam das pessoas um rompimento com seus costumes. Tudo acontece como se houvesse, desde as origens, duas correntes ao mesmo tempo reunidas e distintas: uma corrente segregacionista e uma corrente mais aberta, mais universal, favorecendo uma forma de coabitação. Talvez seja esta uma das razões pelas quais, mais tarde, o nome de YHWH se torne um tabu. Não se quer mais pronunciá-lo. Um nome próprio serve para distinguir alguém de alguém outro. Por qual razão então a existência de um nome próprio se só existe um único Deus? Seria necessário distingui-lo de quem, do quê? A partir do momento em que se passa a confessar um Deus único, não é adequado dar-lhe um nome próprio.

Os nomes *elohim* e *YHWH* representam experiências diferentes que a humanidade pode fazer da divindade. O "mundo ideal" de Gênesis 1, harmonioso, sem violência aparente, evidentemente não reflete a realidade histórica do povo, nem sua relação com a divindade. É como se se dissesse: o mundo, da forma como o vi, não corresponde à idealização que dele fiz, mas também tenho a necessidade de reconhecer a importância dessa idealização a princípio. É uma forma de aprendizagem universal. Daí essa justaposição articulada de duas versões que jamais podem ser lidas unicamente como uma harmonização, mas antes como um necessário conflito de interpretações e de leitura para tentar compreender e transmitir nossas diferentes formas de viver a nossa relação com a divindade.

O mundo apaziguado de Gênesis 1, de regime vegetariano, será retomado como um ideal futuro na tradição profética, por exemplo, no livro atribuído ao Profeta Isaías, que representa o fim dos tempos com a seguinte imagem: "O lobo habitará com o cordeiro, o leopardo se deitará com o cabrito, o terneiro, o leãozinho e o gado de engorda se alimentarão juntos, e a criança os conduzirá (Is 11,6). Gênesis 1 retoma de fato uma imagem do fim dos tempos transposta das origens ideais. Vale confrontar essa passagem com outro mito importado da Mesopotâmia: a história do dilúvio. Até o dilúvio temos uma espécie de era de ouro na genealogia do Gênesis. Antes do dilúvio as pessoas viviam muito tempo, detalhe que encontramos nas listas assírias dos reis míticos cujas longevidades impressionam. O relato do dilúvio vai mostrar a razão pela qual as coisas não podem permanecer enquanto tais: porque matamos para não morrer de fome, porque conhecemos a violência e dela devemos prestar contas. Dessa forma, o relato bíblico introduz, após o dilúvio, o consumo de carne, legitimada pelo sacrifício. A humanidade pode então matar e tornar-se carnívora: "O menor dos animais vivos e a erva que amadurece vos servirão de alimento. Eu vos dou tudo" (Gn 9,3). Afirmação que deve ser compreendida em paralelo com o paraíso, o jardim. Quando Deus cria os animais, não os cria para servir de alimento à humanidade, mas para responder à necessidade de companhia, para romper sua solidão. O tema da coabitação entre humanos e animais é importante na Antiguidade. Urge ainda destacar o quanto era crucial essa relação humano-animal em contextos rurais e agrícolas. O objetivo da criação dos animais, nesse primeiro relato da criação, não é entregá-los como alimento à humanidade. Em primeiro lugar, era necessário legitimar sua presença em nosso meio. E, num segundo momento, explicar a razão pela qual somos autorizados a consumi-los. Estamos diante de um relato que explica a questão de nossa relação com os animais, de sua presença entre nós. E tudo acontece como se esses textos tivessem tentado justificar um mundo sem violência, e que progressivamente vai se impondo a necessidade de relatar sua existência, a separação provocada, a distinção...

Nos relatos do Oriente Médio, notadamente assírios e babilônios, a criação é descrita desde as origens como um combate, e é imediatamente acompanhada do dilúvio. Como se a presença da humanidade tivesse provocado uma perplexidade, uma desordem. Ela incomoda os deuses, torna-se numerosa demais... Com essa ideia radical de que deveríamos mesmo voltar à criação e chegar a ponto de fazer desaparecer a humanidade! É o que encontramos exatamente no texto bíblico, com palavras de rara violência: "YHWH viu que a maldade do *adam* era imensa [...]. YHWH arrependeu-se de ter feito o *adam* sobre a terra [...]. YHWH disse: Apagarei da superfície da terra o *adam*, minha criação" (Gn 6,5-7). O relato bíblico do dilúvio, catástrofe interpretada como destruição da criação, é provavelmente uma combinação de dois relatos, a princípio independentes um do outro, para chegar a justificar essa "nova criação" que deve levar em conta a violência, a desordem, a diversidade humana. Finalmente, o sujeito desses textos bíblicos não seria o enigma do confronto com o divino? Relatam-se os inícios para explicar ao mesmo tempo a presença do divino e nosso próprio confronto com ele.

Entre os gregos, aliás, encontramos a mesma coisa, por exemplo, em muitas histórias ligadas à origem dos múltiplos santuários. Mas o estatuto desses textos é diferente dos textos bíblicos. Neles não houve fenômeno comparável à tradição bíblica que reúne tradições diferentes num projeto literário que se torna constitutivo de uma identidade, de uma história. Podemos dizer que as tradições de Homero ou de Hesíodo seriam mais ou menos comparáveis, mas trata-se de tradições narrativas particulares, poéticas, simultaneamente coletivas e pessoais. A Bíblia nasceu desse projeto de "biblioteca", de um conjunto assumido de rolos escritos, constituído para formar um corpo. Escritos recopiados, lidos, em regiões diferentes (Egito, Babilônia, Palestina, Ásia Menor...). Esses escritos conservados em rolos substituíram, de certa forma, o templo, o santuário. Aquilo que se denominará judaísmo foi finalmente construído sobre essa substituição ao templo, ao culto, ao sacrifício, e sobre essa necessidade do texto sobre o qual especular, refletir, sobre um trabalho de transmissão do próprio texto. Esse conjunto de textos também se constituiu por exclusão de outros textos, de outras tradições: Enoc, por exemplo, do qual foram encontrados fragmentos em Qumran. O quarto livro de Esdras faz alusão a essa exclusão de relatos ao mencionar 24 rolos destinados ao povo (o equivalente à Bíblia hebraica) e 70 reservados unicamente aos iniciados. A Bíblia hebraica nasceu de um processo de fixação de um *corpus*, sem, no entanto, uma preocupação com exaustividade, mas antes com seleção, e com estatutos diferentes dos textos entre si. Processo que sem dúvida muda com o nascimento do códice, que adquire uma importância capital para a constituição do cristianismo (como o sublinhou Guy Stroumsa), diferentemente dos rolos que estão na origem dos textos hebraicos e de sua tradição (cf. Stroumsa, 2005). A própria relação com as Escrituras é diferente.

Se voltarmos aos 11 capítulos do Gênesis, nos damos conta de que o relato da Torre de Babel está situado após a cesura do dilúvio. É outra história de separação, e uma visão da verticalidade divina. A humanidade quer apropriar-se do céu, e de novo trata-se de um drama. Com a mesma ideia encontrada em Gênesis 2 e 3, nos deparamos com o perigo de que a humanidade possa tornar-se igual aos deuses, rivalizar com a divindade. Por trás desse relato encontramos os templos mesopotâmicos, os famosos zigurates, que os exilados judeus puderam ver e admirar na Babilônia. O relato põe em cena o desejo de aceder à divindade, novamente como um relato de conflito. É um relato etiológico para explicar o desaparecimento dos povos e a diversidade das línguas humanas. Mas no capítulo 10 que precede, que em geral é denominado "tabela dos povos", uma lista de todos os povos oriundos dos três filhos de Noé (Sem, Cam e Jafé), a divisão da humanidade, sua distribuição sobre toda a superfície da terra em diferentes povos e diferentes línguas, não causa problema, e se apresenta como algo totalmente normal. A instalação desses povos sobre a terra é assim descrita: "Cada nação por línguas e famílias (ou tradições, costumes)" (Gn 10,5). Significa dizer que desde o início os povos se dividiam, quase harmoniosamente, sobre a terra em sua diversidade linguística e de costumes. Sem dar outra explicação. Essa diversidade de línguas e costumes não parece constituir um problema no relato, e sobre as diferenças religiosas há um silêncio. Entre Gênesis 10 e 11 existe a mesma dialética que entre Gênesis 1 e Gênesis 2–3. Nos dois casos, duplica-se o primeiro relato, dramatiza-se o que num primeiro tempo parecia coerente, evidente. Gênesis 11 subverte a harmoniosa tabela dos povos. Com a constatação: "Esses são os clãs dos filhos de Noé segundo as suas descendências agrupadas em nações. Foi a partir deles que se fez a repartição das nações sobre a terra, após o dilúvio" (Gn 10,32). E imediatamente, de forma brutal, afirma-se: "Toda a terra tinha uma só língua, as mesmas palavras" (Gn 11,1). Tudo acontece, nessa montagem de textos, como se fosse necessário fazer da diversidade das línguas uma forma de castigo. Gênesis 11 é um *a posteriori* narrativo que vem questionar nossa diversidade, nossas diferenças, e põe em cena de forma dramática o desejo de unidade como uma espécie de fantasma, um desejo de rivalidade com a divindade. Também foi lido nesse relato uma denúncia da língua única imposta pelos assírios. Seria o relato de uma minoria que luta por seus direitos, seus costumes, sua língua... Nesse quadro, a ação divina de dispersão dos povos e das línguas pode ser concebida como algo benéfico. Mas primeiro o texto narra como o desejo de unidade da humanidade, após o dilúvio, é sancionado e realizado como desejo mimético de rivalidade com a divindade, de maneira similar ao que acontece em Gênesis 2 e 3. Os homens querem ser "como os deuses". Aliás, mesmo para além da diversidade das línguas, podemos imaginar que em Gênesis 10 fala-se que os diferentes povos podem ter diferentes cultos, diferentes tradições religiosas. Os povos são divididos segundo suas famílias, ou tradições (*mishpachah*, em hebraico, tudo o que distingue uma tribo, um povo de outro). Essa repartição harmoniosa, essa distribuição dos povos sobre a terra, não se encaixa completamente com o que precede, notadamente com a maldição de Cam, pai de Canaã, o mais jovem dos filhos de Noé, que comete o sacrilégio de "ver a nudez" de seu pai (Gn 9,20-25). Uma história que hoje nos obriga a ler Gênesis 10 de maneira um pouco diferente. A harmonia de Gênesis 10 é desmentida por esse episódio de Cam, que o precede, visto que a maldição incide sobre os descendentes de Cam, que se tornarão escravos dos outros: "Maldito seja Canaã", isto é, o filho do filho, e não Cam ele mesmo. Sabe-se, a partir de Gênesis 3, que a nudez é um tema que remete à vergonha, que é necessário cobrir-se diante de outro semelhante. No Levítico será claramente explicado que despir e ver a nudez do outro é dormir com ele (Lv 18). Desde as primeiras interpretações rabínicas desse texto (Gn 9), nos perguntamos sobre o significado do ato de Cam. Um *voyeur*? Um incesto homossexual? Ou Cam teria dormido com a mulher de seu embriagado pai? O que poderia explicar a razão pela qual a maldição tenha recaído sobre o filho nascido dessa união incestuosa, Canaã. Essas explicações tentam fazer falar as incoerências ou os silêncios do texto bíblico. Da mesma forma, teria sido criada a personagem de Lilith na tradição judaica, em resposta à questão colocada por alguns rabinos para saber quem era essa primeira mulher adâmica em Gênesis 1. Como explicar, então, que no livro havia uma segunda mulher criada em Gênesis 2. Fabrica-se no comentário um personagem mítico, ao mesmo tempo demônio e ausente do texto bíblico, que quis ser como *adam*, e rivalizar com ele. Mais tarde, outros relatos rabínicos chegarão a descrever a rivalidade feminina de Lilith até nas relações sexuais. Mas digamos que essa personagem legendária intervém devido à observação de algumas "incoerências" nascidas da combinação de diferentes tradições.

Tudo se passa como se um relato devesse contrariar outro. O relato da repartição pacífica do mundo habitável que Gênesis 10 elabora já é contestada pelo final de Gênesis 9, e o será novamente em Gênesis 11. Finalmente, são as diferenças, as divisões que devemos explicar, dramatizar.

Aqui inexiste a ideia de que possa haver um único relato, uma única maneira de descrever a criação do mundo, os inícios da humanidade, as diferenças humanas. Essa diversidade narrativa nos mostra que o projeto de unidade, de um conjunto que dá acesso ao conhecimento de nossas origens, passa pela complexidade que é a da vida e de toda transmissão. Se a divindade fala à humanidade, jamais o faz de maneira única. Cada relato vem interpretar o outro, numa espécie de atualização permanente. Temos um exemplo particular, interessante, com a história das filhas de Salfaad, no Livro dos Números. Primeiro ato (Nm 27): as cinco filhas, com a morte de seu pai, pedem a Moisés para, na ausência de herdeiro masculino, herdar a terra. Mas isto não está previsto na Lei dada no Sinai. Trata-se igualmente de uma reflexão sobre o estabelecimento da Lei que desde o Sinai é revelada e por sobre a qual não se pode passar. Diante do constrangimento de Moisés, YHWH decide e lhe diz: "As filhas de Salfaad falam a verdade. Dai-lhe uma herança como aos irmãos de seu pai. Dai-lhe a parte de seu pai. Diga aos israelitas: se um homem morre sem ter filho, sua filha herdará" (Nm 27,6-8). Acrescenta-se, portanto, algo mais à Lei, o que já indica que essa Lei não é estática; pode ser atualizada, revisitada. Mas isso não é tudo. Último ato: no último capítulo de Números (Nm 36), homens do mesmo clã voltam a Moisés e se sentem incomodados com a herança de Salfaad, transmitida às suas filhas. A preocupação era a seguinte: se elas se casarem com filhos de outros clãs, "sua herança será subtraída da herança de nossos pais" (Nm 36,3). Moisés volta então à decisão precedente a fim de que as terras e a herança de Salfaad permaneçam no clã: "Elas poderão casar-se com quem quiserem, desde que seja dentro de uma das famílias de sua tribo paterna. Assim a herança dos israelitas não passará de uma tribo a outra" (Nm 36,6-7). O que é revelador aqui é que não foi suprimido o primeiro texto do Livro dos Números. Conservou-se a construção da atualização e a modificação da atualização da Lei. Como se se pretendesse mostrar a necessidade desse trabalho de transmissão e de atualização da Lei. Nem tudo está regulamentado, uma vez tendo o povo saído do Sinai. O relato guarda as cicatrizes dessa elaboração. O Livro dos Números se conclui assim sobre sua própria atualização, dado que Números 27 já preparou a morte de Moisés e sem dúvida foi concebido como sendo ao mesmo tempo a conclusão do Livro dos Números e uma transição para o Deuteronômio, no qual Moisés faz seu discurso de despedida. É igualmente o testemunho do trabalho de composição desses textos, procedendo por acréscimos, modificações, mas sem necessariamente exclusão. Existem inúmeros exemplos nesse sentido. É o caso daquele episódio rocambolesco, romanesco, em que um patriarca faz passar sua mulher por sua irmã para se proteger do ciúme ou do desejo de um rei poderoso. Episódio que se reproduz três vezes no Livro do Gênesis: duas vezes com Abraão e uma com Isaac. Ora, a primeira ocorrência não é em honra de Abraão (Gn 12), já que essa mentira o salva covardemente diante do Faraó que, pela integração de Sara ao seu harém, o cobre de riquezas. Gênesis 20 retorna a esse episódio, mas com o rei de Gerara, Abimelec. Abraão refaz o mesmo cenário para salvar sua pele. Mas Deus intervém e adverte Abimelec em sonho, explicando-lhe que

Abraão é um *nabi*, um profeta, e que intercederá por ele. E Abraão chega a afirmar que Sara é sua meia-irmã "da parte de (seu) pai, mas não da parte de (sua) mãe" (Gn 20,12). A honra de Abraão é salva! O dinheiro é dado aqui em recompensa por sua qualidade de *nabi*, e não mais como um dote recompensando o rapto. A terceira vez é com Isaac e sua mulher Rebeca; eles também são confrontados com Abimelec (Gn 26). Mesmo cenário, mas dessa vez imediatamente malogrado pelo rei, que compreende, ao observar o casal pela janela, que Rebeca é justamente a mulher de Isaac. Por que esses três relatos foram guardados? E até mesmo o mais ambíguo e menos glorioso, o primeiro, entre Abraão e o Faraó? Esses relatos é que fazem todo o interesse dessa coleção, suas retomadas, suas incoerências, seus deslocamentos.

2
A fabricação plural de Abraão

Saímos de um conjunto narrativo que se dirigia a todos, que tratou dos inícios do mundo, do ser vivo e da humanidade, sob a forma de relatos míticos (Gn 1–11). Com Gênesis 12, assistimos ao surgimento de um personagem chamado a tornar-se central. A primeira questão seria interrogar-nos sobre a montagem desses textos. Como passamos de relatos coletivos ao de Abrão, filho de Taré? Como se faz essa passagem de um conjunto de textos de alcance geral, universal, ao indivíduo Abraão? E como aparece, no *corpus* bíblico, esse personagem? Ele entra em cena no capítulo 12 do Gênesis e tem liberdade própria, se torna o herói de uma aventura, de uma odisseia. Inicialmente nomeado Abrão, torna-se, com a promessa de uma descendência, Abraão (Gn 17,5): "Não chamaremos mais teu nome 'Abrão', mas teu nome será 'Abraão'; com efeito farei de ti pai de uma multidão de nações (*'ab hamon*)". Abrão, nome que significa "o Pai (a divindade) é grande", se tornará, por ocasião da aliança, Abraão, "pai do povo, ou pai de multidão".

Até agora os personagens bíblicos eram mais arquétipos, às vezes indefinidos como o *adam* (o ser humano), ou identificados com uma única função; por exemplo, Noé o Justo. Mesmo que na conclusão do episódio do dilúvio e do salvamento da humanidade, por meio de seus três filhos, surja um drama muito breve, mais pessoal: a embriaguez e a nudez de Noé diante de seus filhos. Uma espécie de primeira demão de uma história familiar.

A criação de Abraão se inscreve, no entanto, num pensamento genealógico. A "lista das nações" (Gn 10) reproduz o registro dos descendentes de três filhos de Noé: Sem, Cam e Jafé. Sem oferecerá a linhagem dos semitas que desemboca em Taré, pai de Abraão. O texto dito "sacerdotal" produz, pois, um vínculo genealógico com a história precedente dos inícios. E se com Abraão começa a história de um indivíduo, essa história não é necessariamente biográfica. Nada se diz de sua juventude, como é o caso de Moisés (embora se relate o seu nascimento de maneira detalhada, contrariamente ao de Abraão). Como se a questão da narrativa bíblica fosse aqui mais a aventura e os percursos do personagem do que os detalhes de sua existência ou personalidade. E mesmo que de fato o relato se reduza a um indivíduo, genealogicamente ele permanece abrangente. Abraão não é apenas pai de Isaac;

ele é igualmente e primeiramente o pai de Ismael. E, detalhe que geralmente esquecemos, após a morte de sua mulher Sara, fala-se de outras mulheres de Abraão (Gn 25,6), entre as quais a famosa Cetura, descrita no Livro das Crônicas como "a concubina de Abraão" (1Cr 1,32), e que lhe dará toda uma descendência de tribos árabes que povoarão a estrada dos incensos (*ketourah* em hebraico significa incensos). Portanto, Abraão não é somente o pai de Isaac, mas uma figura muito maior. Haverá em seguida Esaú e Jacó, filhos de Isaac. E é somente com Jacó que Israel surgirá. Jacó deverá, aliás, como Abrão, mudar de nome para tornar-se Israel. O relato, portanto, progride por etapas, por restrições progressivas para chegar até Jacó e às 12 tribos. Com Abraão estamos um pouco a meio caminho entre a humanidade e uma parte dessa humanidade, ela mesma maior do que posteriormente chamar-se-á Israel.

É com Moisés que o relato genealógico se interrompe. Seguindo os livros do Êxodo e do Deuteronômio, existe uma genealogia de Moisés e Aarão que nos é dada (em Ex 6), mas ela é truncada, interrompida. Moisés não é um ancestral no relato bíblico como o é Abraão. Moisés tem filhos, mas não sabemos o destino deles. Seu sucessor, Josué, não tem nenhum parentesco com ele. Estamos sobre outro plano identitário. Com Abraão é constituído um grupo muito mais amplo, indo de diferentes tribos árabes até os edomitas, com Isaac. E é somente com Jacó que o relato se fecha sobre Israel.

A elaboração do personagem Abraão e sua lenda é ao mesmo tempo genealógica e geográfica. O país de Taré e de sua família é, segundo Gênesis 11,28, Ur, uma cidade situada ao sul da Mesopotâmia (atual Iraque). A família de Abrão vem de Ur, portanto, da Babilônia. Ur dos Caldeus, diz a Bíblia (Gn 11,27-32), expressão que supõe a chegada ao poder dos caldeus, isto é, dos babilônios, que só aconteceu por volta do final do século VII. É um indício em favor de uma redação da época neobabilônica; aquela do exílio dos judeus na Babilônia e nas imediações. Tanto Ur como Harã, cidade citada mais adiante, no versículo 31, assumiram importância no século VI, sob o reinado de Nabonido, o último rei da Babilônia (556-539), antes que os persas conquistassem a Babilônia e colocassem fim ao exílio de Israel. Na genealogia de Gênesis 11, Taré parte de Ur para instalar-se com sua família em Harã. Portanto, seguindo a lógica narrativa da sequência Gênesis 11,27–12,9, quando Abraão recebe o convite divino, ele parte de Harã, na Síria. Em contrapartida, em Gênesis 15, quando YHWH se apresenta a Abraão, o faz nestes termos: "Fui eu YHWH que te fez sair de Ur dos Caldeus". Pode tratar-se aqui de um vestígio de diferentes tradições, ou, o que parece mais plausível, de uma correção ulterior que queria fazer o próprio Abraão vir da grande cidade de Ur. Segundo Gênesis 12,4, Abraão, tão logo recebe o convite, parte do norte da Síria. Não é a Mesopotâmia, do lado da Babilônia. Mas, desde o início, Abraão é apresentado como alguém que não está no país que lhe é prometido. Ele vem de fora. E vai aproximar-se desse país após esses famosos apelos, que permanecem relativamente originais, pouco desenvolvidos no plano narrativo.

Numa carta famosa, Kafka comparou a prontidão de Abraão em responder ao chamado (sair de onde estava, como também sacrificar seu filho amado, Isaac, em Gn 22) "com a prontidão de um garçom", escreve ele[3]. O chamado, de fato, permanece sempre injustificado, brutal. E a resposta, automática. Mas se Abraão parte em direção à terra que lhe é indicada, uma vez lá chegado, nela não se estabelece; poucos versículos depois ele vai para o Egito. Gênesis 12 o faz viajar para alguns lugares importantes da tradição de Jacó. É um pouco o caminho ao inverso de Jacó, mas ele atravessa realmente todo o Oriente, de norte a sul, para continuar até o Egito. Se dermos crédito ao deslocamento de Abraão, ou o de seu pai, essa viagem começa em Ur, passa pela Síria (Harã), para descer ao Oriente e chegar ao Egito. Esse percurso cobre, portanto, o Crescente Fértil; isto é, as regiões férteis do delta do Eufrates e do Tigre, até o Egito. Também é possível dizer que é nesse espaço geográfico que se encontram os exi-

---

3. "Eu poderia conceber um outro Abraão – seguramente ele não chegaria à situação de patriarca, nem mesmo à de algibebe –, que estaria disposto a responder à exigência do sacrifício imediatamente, com a pressa de um garçom de café, e que, no entanto, não chegaria a realizar o sacrifício, porque não podia deixar sua casa; é indispensável, seus negócios o exigem, há ainda decisões a serem tomadas, sua casa não está concluída, sem esse suporte ele não pode partir; a própria Bíblia se dá conta disso ao afirmar: 'Ele põe ordem em seus negócios', e já antes Abraão tinha tudo em abundância; se não tivesse sua casa, onde teria criado seu filho? E a faca do sacrifício, em qual viga iria espetar?" (Carta a Robert Klopstock, de junho de 1921).

lados israelitas e judeus, comunidades deportadas primeiro pelos assírios, depois pelos babilônios. Abraão, por suas viagens, já faz um pouco a figura de aglutinador. Inclusive no Egito, onde desde os séculos VI e V já havia uma presença judaica e talvez israelita. Desde o início, Abraão percorre o conjunto dessas terras.

Em Gênesis 12, Abraão não permanece por muito tempo na "terra prometida". Ele a deixa voluntariamente, temendo a fome que se abate sobre o país. Dela sai sem receber qualquer ordem de partida. Dessa vez trata-se de uma iniciativa própria. De fato, Abraão parte para se proteger, mas seria uma boa ideia partir para refugiar-se no Egito? Depois das pragas divinas (que não são precisas) enviadas por YHWH, por ter usurpado Sara, mulher de Abraão, no harém, o Faraó o reenviará de volta quase sem rancor, acompanhado de sua mulher e com todas as suas riquezas. Ou seja, sem nenhuma punição. Temos, portanto, desde o capítulo 12, *diversos* tipos de Abraão. Do versículo 1 ao 4, Abraão não questiona, responde imediatamente ao apelo divino. Após ter atravessado a terra, porém, ele a abandona, por própria iniciativa, para entrar no Egito. Então é apresentado sob outra luz, como um covarde e um mentiroso, ao apresentar Sara como sua irmã para proteger-se dos egípcios, imaginando que assim não o matariam para apropriarem-se da bela Sara. Essa história curiosa reaparece três vezes no Gênesis, como já o vimos. O fato desagradável, qual seja, a covardia e a mentira de Abraão, é corrigido e reescrito na história do encontro entre Abraão e

Abimelec, em Gênesis 20. Em Gênesis 12,1-20, Abraão mente, entrega sua mulher ao rei, se aproveita da situação enriquecendo e recebe um dote por sua "irmã". Está claro no texto que o Faraó dormiu com Sara. No segundo relato, em Gênesis 20, Deus aparece num sonho a Abimelec para preveni-lo a não tocar nessa mulher. Abraão atenua sua mentira apresentando Sara como sua "meia-irmã", mesmo que no Levítico seja proibido casar-se com uma meia-irmã. Mas Abraão permanece acima de qualquer suspeita e as riquezas que ele obtém do rei só representam uma compensação posterior. Esse relato pode ser claramente lido como uma espécie de reabilitação do personagem espetacularmente apresentado, aliás, como *nabi*, profeta. Gênesis 20 pode ser assim compreendido como uma reescrita deliberada de Gênesis 12. Acrescente-se que o Faraó despede Abraão, ao passo que Abimelec o convida para ficar. O mais interessante é o fato de terem conservado as duas versões num mesmo livro. Esse fenômeno de versões múltiplas ao redor dos fatos de um herói ou de um ancestral está presente nos textos antigos. Um belo exemplo é a *Epopeia de Gilgamesh*. Mas a particularidade da história de Abraão reside no fato de que os redatores mantiveram essas duas versões num mesmo livro. A repetição permite realmente mostrar a evolução da recepção do personagem; com uma lógica de readaptação constante, sendo trabalhada no texto bíblico. É possível recontar várias vezes a mesma história, com variantes, sem anular a primeira versão. É uma reescrita da história, como acontece ainda hoje. Por exemplo, o período de confinamento que acabamos de viver não será escrito da mesma forma antes e depois. Escrevemos a história não totalmente conscientes do que se passou e ignorando ainda as diferentes versões que poderão ser escritas. Pensemos ainda na forma como, após a Libertação, a França gaullista escreveu uma versão da história da guerra na qual urgia mostrar que toda a França era resistência; mesmo todos cientes de que não era a verdade. A ideia era unificar os franceses e acabar com a perseguição aos colaboradores. É um pouco o que acontece com o relato bíblico, mas oferecendo como leitura a antiga história que se pretende corrigir ou reinterpretar.

Outra repetição está em Gênesis 22: o episódio da amarração de Isaac, que em parte retoma Gênesis 12. E notadamente o apelo de YHWH a Abraão, com a mesma célebre expressão, o intensivo *lekh lekha*, literalmente "vai por ti". Um imperativo muito forte, e que não tem necessariamente a ver com uma introspecção como o sugerem algumas leituras psicanalíticas (como a de Marie Balmary), mas que insiste no caráter absoluto do pedido. Podemos ler Gênesis 12 como uma preparação de Gênesis 22.

Esse apelo ao sacrifício do filho é um enigma que muitos buscarão explicar, ou parodiar, como Woody Allen (1979, p. 45), tamanha sua incompreensibilidade. Como obedecer a essa ordem? No *midrash rabba* do Gênesis, Abraão se queixa das ordens contraditórias de Deus: "Ainda ontem, me dizias que é por Isaac que terás a descendência de teu nome. Então voltas atrás e me pedes: Toma teu filho e leva-o ao holocausto. E agora teu anjo me pede: Não levantes tua mão contra este menino!" E Deus lhe responde: "Quando te disse 'pega teu filho', não estava pedindo para imolá-lo, mas para fazê-lo subir à encosta do sacrifício em nome do amor. Agora podes descer com ele"[4]. Na Idade Média, Rachi retomará esse comentário, que se apoia na ambiguidade da expressão em hebraico "oferecer em holocausto" – literalmente "fazer subir a encosta". Teria Abraão compreendido mal a ordem divina? Lá onde Deus lhe pedira para elevar seu filho em direção ao céu, ele teria compreendido que devia fazê-lo subir em forma de fumaça como uma vítima consumada pela fogueira. Esses comentários provam que, diante da imagem atroz do infanticídio pelo pai que recebe em acréscimo a promessa inaudita de um engendramento infinito, uma armadilha nos é preparada, a nós também, leitores. Sem chegar a afirmar que Abraão não teria compreendido o sentido das palavras divinas, o próprio relato joga constantemente com a ambiguidade e o suspense. Nunca sabemos antecipadamente o que vai acontecer na leitura do capítulo. As formulações no texto são sempre muito ambíguas. Quando, por exemplo, Abraão diz aos dois jovens (o termo *naʿarîm* em hebraico significa jovens moços, adolescentes, servidores) que o acompanhavam: "Ficai aqui [...] nós voltaremos" (Gn 22,5), o plural parece indicar que ele retornará com seu filho Isaac. Seria um estratagema, uma mentira, ou uma promessa sincera? Mas

---
4. Midrash Rabba. *Genese Rabba*, Verdier, t. I, LVI, 10, p. 591.

então, de qual sacrifício se trata? E mais: lá na encosta, Isaac quer saber onde está o cordeiro para o sacrifício (Gn 22,8), e só obtém de seu pai uma resposta enigmática e literal: "Deus vai providenciar o cordeiro para o sacrifício, meu filho". O que pode ser compreendido como "Deus vai providenciar um cordeiro, meu filho", ou, mais preocupante, "o cordeiro que Deus vai providenciar és tu, meu filho". Outra ambiguidade! E sobretudo no final, quando o sacrifício é suspenso, lê-se simplesmente: "Abraão voltou para junto de seus jovens servos" (Gn 22,19); ou seja, aparentemente sozinho. Os rabinos muito especularam sobre esse versículo. Poderia significar que Abraão teria sacrificado seu filho? Imaginou-se inclusive uma versão palimpsesta do relato em que Abraão teria efetivamente sacrificado Isaac. Visão que não nos parece muito lógica se seguirmos o conjunto do relato, mas que sublinha as ambiguidades sobre as quais a narração é construída. A sobriedade extrema do relato reforça a confusão do leitor. Nada sabemos nem das intenções nem dos sentimentos de Abraão. Não há narrador onisciente que possa explicar tudo. Nessa simplicidade, nessa frieza narrativa, se decide a interpretação do texto que, sem dúvida, se torna um dos relatos mais profundos, mais enigmáticos do patrimônio bíblico. O relato nos deixa diante de nossa própria interpretação. Se tivermos como abertura do capítulo o seguinte versículo, que alguns veem como um acréscimo: "a divindade pôs Abraão à prova" (Gn 22,1), que pode ser interpretado como um título ou como um índice, podemos igualmente entender que a leitura desse relato se constitui num teste para o leitor. E esse "pôr à prova" só pode ser entendido como uma compreensão de Abraão dessa ordem obscura, como um ato que o próprio Deus faz interromper.

Mas esse episódio também se transforma em relato de separação entre pai e filho. A partir de então, no texto bíblico, os dois não aparecerão mais juntos. Não se encontrarão mais. A ausência de Isaac no texto é preocupante. No capítulo seguinte, Gênesis 23, Isaac não é mencionado, nem mesmo por ocasião da morte de Sara, sua mãe. Somente Abraão carrega o luto e enterra sua mulher. Isaac está totalmente ausente do relato. Além disso, quando Abraão manda seu servo procurar uma mulher para Isaac (Gn 24), este não está presente, e quando o servo volta com Rebeca e a apresenta a Isaac, é a vez de Abraão desaparecer.

Qual é então o lugar desse relato na construção da lenda abraâmica? Existe um relato na Bíblia relativo ao sacrifício de jovens. Seu exemplo se encontra em 2Reis 3, em que Mesa, rei moabita, sobre o qual descobriu-se em 1868 uma lápide hoje conservada no Museu do Louvre, é cercado por uma coalizão de israelitas, de edomitas, e não sabe mais o que fazer. Sua única saída é oferecer seu próprio filho primogênito em holocausto (2Rs 3,27). Esse sacrifício tem por efeito o desencadeamento de "uma grande cólera que se abate sobre Israel", coagido a levantar acampamento e voltar ao país. Cólera de YHWH ou do deus moabita Camos? A interpretação rabínica tende a afirmar que se trata da cólera de YHWH diante de tamanha abominação que obriga então Israel a distanciar-se. Mas provavelmente se trata da cólera de Camos contra Israel. Mesmo que não saibamos com precisão, o fato é que o sacrifício permitiu pôr em fuga o inimigo. É um indício muito claro da prática de sacrifícios humanos em contextos de crise.

Existe outro texto estranho no qual é dito que YHWH deu ao seu povo péssimas leis quando esse povo, saído da escravidão do Egito, mostrou-se recalcitrante: "Eu lhes dei leis funestas e preceitos pelos quais não podiam viver. Tornei-os impuros por meio de seus sacrifícios, fazendo-os sacrificar seus primogênitos" (Ez 20,25-26). A primeira "péssima" lei citada é a do sacrifício de crianças. O autor desse texto faz dessa lei uma maneira de punir o povo. Fato que também pode significar, *a contrario*, que em casos tão excepcionais, extremos, sacrificar crianças era uma ordem de YHWH. É o que acontece com o famoso Moloc, ou Molekh, cuja vocalização original era Melekh, que aparece na Bíblia, e cujo culto era ligado aos sacrifícios de crianças. Melekh, em hebraico, significa rei, e em muitos textos bíblicos é uma designação de YHWH. Pode-se perfeitamente pensar que crianças eram sacrificadas a *YHWH melekh*. O relato de Gênesis 22 seria uma reminiscência disso, o que explicaria as ambiguidades com que o texto aborda a questão do sacrifício humano dedicado a YHWH. Daí o procedimento narrativo da substituição, que encontramos alhures com o sacrifício dos primogênitos humanos na noite da libertação do Egito, e o sinal sangrento sobre as portas dos israelitas. No "Código da Aliança", coleção de leis integradas ao Livro do Êxodo, trata-se igualmente de sacrifícios de primogênitos e da possibilidade de oferecer um substituto para o primogênito. Nesse sentido, Gênesis 22 é lido como um relato pedagógico que legitimaria o fim dos sacrifícios humanos e sua substituição por sacrifícios de animais.

Outra dimensão do texto diz respeito também à liberalidade de YHWH, que pode exigir de volta o que deu, como na experiência de Jó ("O Senhor deu, o Senhor tirou" – Jó 1,21). Em Gênesis 22, Isaac é o dom de YHWH a Abraão. Isaac, filho da promessa, do juramento, que vem romper o ciclo de esterilidade, permanece filho único após a partida de Ismael (Gn 21). À época persa, talvez ele representasse a imagem do futuro para os exilados judeus que esperavam que seus filhos sobrevivessem à destruição e ao exílio.

Como explicar então a ordem de sacrificar o próprio filho? O filósofo Immanuel Kant também pensava que Abraão tivesse interpretado mal uma voz ao assemelhá-la a uma ordem divina. Uma voz que diz a um pai que imole seu filho não pode ser a voz de Deus. Kant chega a dizer que ele "age sem consciência (*gewissenlos*)" ao responder ao apelo. Para outro filósofo, o dinamarquês Søren Kierkegaard, o ensinamento de Gênesis 22, ao contrário, mostraria que no fundo de cada homem permanece sempre a possibilidade inquietante de ser chamado a uma tarefa mais elevada ou a um dever mais radical. Abraão seria o herói do cotidiano, do ordinário, chamado a responder a partir de seu cotidiano ao Totalmente

Outro. O sacrifício seria aqui uma "exceção à lei moral", e a figura da radicalidade desse apelo. A lei suplantaria a ética mesmo que, por fim, o sacrifício seja definitivamente interrompido. A violência é suspensa (Kierkegaard, 1999). Ou seja, talvez o apelo incida sobre a própria aceitação de ser chamado e de responder ao desconhecido, ao risco, antes de aceitar e obedecer à violência exigida. Daí a importância no texto bíblico da ambiguidade, a cada etapa do relato, e da ausência de qualquer indício sobre o estado interior de Abraão, o que dá uma dimensão um pouco hitchcockiana a esse episódio. O relato bíblico de Gênesis 22 gira exatamente ao redor de um segredo. Por que Abraão aceita partir? Inúmeros indícios são preocupantes, como a ausência de Sara (os rabinos verão na vontade de Abraão de executar a ordem divina uma explicação de sua morte no capítulo seguinte), ou a docilidade e a incompreensão de Isaac. A ambiguidade no texto faz de Abraão um claro "culpado", mas, de certa forma, falsamente evidente. A arte do relato bíblico é aqui a de preparar no próprio centro do drama uma saída sempre possível, no limiar do mistério.

Sua "obediência" lhe valerá ser reconhecido no Alcorão como o primeiro "submisso" (Surata III, 67), o primeiro muçulmano. Mas não podemos dissociar esse texto do conjunto e da montagem da composição final do livro onde essa perspectiva nem sempre é privilegiada. Na história de Sodoma e Gomorra (Gn 18), por exemplo, Abraão resiste à decisão de YHWH de acabar com Sodoma; ele contesta, irrita-se, numa discussão intensa com Deus: "Longe de ti tal conduta, fazer o justo morrer com o culpado [...]. O juiz do mundo não seria equitativo?" (Gn 18,25). É outro personagem, não o de Gênesis 12 e 22. Podemos assim nos perguntar sobre essa designação tradicional dos cristãos e dos muçulmanos fazendo de Abraão "o pai da fé". O texto do Gênesis permanece muito aberto sobre o tema da fé de Abraão. Em Gênesis 22, deveríamos acreditar na impossibilidade de Deus ir até o fim em sua decisão de fazer sacrificar Isaac, um teste de obediência de alguma forma, ou seria uma obediência cega a uma decisão obscura, arcaica e desfeita no último instante? Como se tivéssemos aqui uma espécie de texto palimpsesto. Ou seria ainda um teste sobre a compreensão de Abraão, numa espécie de mal-entendido sobre as palavras divinas? Abraão, como acabamos de ver, poderia ter mal compreendido a ordem divina. O texto seria um pôr à prova o nosso próprio entendimento, e a tradição desse texto viria assim denunciar a prática dos sacrifícios humanos.

Também encontramos Abraão nos debates sobre as obras, no Novo Testamento, a partir de uma leitura de Gênesis 15,6: "Abrão teve fé em YHWH, e isto lhe foi creditado como justiça". Paulo, na Carta aos Romanos, apela assim a Abraão para explicar que a justificação foi obtida sem qualquer obra, incluída aquela da circuncisão que aparece mais tarde, em Gênesis 17. Abraão obteve a justificação (ainda que o texto hebraico não seja claro nesse tema) fora da lei mosaica, e somente porque teve fé na promessa de Deus. Mas, em contrapartida, Tiago afirma que a lei necessita de obras: "Assim também a fé: se não tem obras é morta em si mesma" (Tg 2,17). Esse debate largamente posterior é interessante porque reflete a indecisão quanto à questão da obediência de Abraão, que responde ao apelo sem que jamais seja explicitamente uma questão de fé nesse relato.

Podemos nos perguntar: será que o homem cresce em se submetendo ao desconhecido, ao inaceitável que o domina, ou será que esse desconhecido, esse risco incorrido, faz o homem crescer, levando-o a reconhecer a parte sombria que está inclusive nele? A obediência exemplar de Abraão permanece absurda, sublinhará Kierkegaard na obra *Temor e tremor*: "Abraão crê e não duvida, ele crê no absurdo". Fé que pode ser considerada improvável, já que a ordem de sacrificar seu próprio filho está em contradição com as inúmeras promessas de descendência que caracterizam a aliança entre YHWH e Abraão.

Esse texto muito intrigante, até hoje, nutriu os debates sobre a violência nas religiões monoteístas e o fanatismo religioso. Ele faz sobressair as paixões. O que entendemos da ordem de Deus? No que estamos prontos a acreditar? E a quais vozes criminosas, a quais palavras de imolação às vezes obedecemos? Na verdade, Abraão nem sempre está forçosamente nos modelos que fizemos dele. E não existe um único Abraão.

Outra grande questão, que ainda hoje ecoa fortemente, diz respeito ao dom da terra, o dom ou a promessa feita a

Abraão. A quem verdadeiramente pertence a terra? E se trataria de um dom exclusivo ou do único juramento de fazer Abraão entrar na terra onde toda a sua descendência poderá permanecer? A descendência de Abraão é múltipla, a partir de Isaac, mas também de Ismael. Mas desde Gênesis 12 especifica-se que "os cananeus estão à época neste país" (Gn 12,6). O texto do Gênesis não diz, contrariamente ao Êxodo, que urge expulsar, ou eliminar, os que já vivem naquela terra. A tradição sacerdotal na Bíblia emprega um termo discutido para qualificar o dom da terra a Abraão. Trata-se da palavra *achuzzah*, termo técnico que significa para alguns mais um usufruir, uma concessão, do que uma propriedade plena e absoluta. O que parece reforçado pelo Levítico ao lembrar que é YHWH o proprietário da terra: "A terra não será vendida em caráter perpétuo, pois a terra é minha. Vocês não passam de imigrantes (*guerîm*) e hóspedes meus" (Lv 25,23). A terra tem um papel importante na história de Abraão, mas não com a ideia de que ela lhe pertença exclusivamente. Urge aguardar Êxodo para ter a promessa de uma possessão exclusiva: "Pois expulsarei as nações diante de ti, e alargarei tuas fronteiras; e ninguém ambicionará teu país, no momento em que subires para ver a face de YHWH, teu Deus, três vezes por ano" (Ex 34,24). Há uma grande diferença com Gênesis 12, em que o próprio Abraão abandona a terra voluntariamente, e parece jamais querer acaparar-se dessa terra. Até em suas negociações para nela obter um túmulo, ele só reclama o direito de receber uma posse individual enquanto residente (*guer*) e hóspede dos habitantes do local: "Sou apenas um migrante, vosso hóspede. Cedei-me uma propriedade funerária entre vós em *achuzzah*" (Gn 23,4). E de qual terra estamos falando nesses diferentes textos? Seria a terra ao redor de Hebron, o reino de Judá, Judá e Israel, o país de Canaã? Jamais isso é especificado, exceção feita ao final de Gênesis 15: "É à tua descendência que dou esta terra, desde o Rio do Egito até o grande rio, o Rio Eufrates, com os quenitas, os quenezitas, os cadmonitas, os hititas, os ferezeus, os refaítas, os amorreus, os cananeus, os gergeseus e os jebuseus" (Gn 15,18-21). Ou seja, em toda parte onde havia, à época persa, comunidades judaicas: a Transeufrateana, uma província persa, indo do Eufrates ao Egito. Mas a enumeração de diferentes tribos e povos não os exclui da terra em questão. É mais um apelo à coabitação de todas as populações no interior do Império Persa.

A situação geográfica da terra permanece, pois, confusa, e com Abraão, no relato bíblico, a única vez em que a definição geográfica entra em cena é no episódio de sua separação de Lot, em Gênesis 13. Abraão parte para o lado de Hebron, e Lot para a região do Mar Morto, em direção a Sodoma; mas trata-se apenas de um conflito territorial resolvido pela negociação. Como aconteceu com Abraão quando teve que adquirir um lugar para enterrar Sara. O único conflito guerreiro no ciclo de Abraão está em Gênesis 14, quando Abraão, numa espécie de "guerra mundial", trava uma batalha contra os múltiplos reis no Vale de Sidim para libertar do cativeiro seu sobrinho Lot. Mas o texto não menciona ainda nenhuma reivindicação territorial, nenhuma vassalagem é exigida. Assim, Abraão percorre a terra que lhe foi dada, mas não realiza nenhuma conquista, como aconteceu com Josué.

Deus doa um país a Abraão, mas qual é a significação? Nada no Gênesis justifica realmente que se trataria de um juramento feito exclusivamente a Abraão. Na tradição bíblica, no entanto, Abraão é mencionado como dono do país. É o caso no capítulo 33 do Livro de Ezequiel, em que o profeta é interpelado por YHWH sobre uma reivindicação da população que não foi deportada. A quem retorna a terra quando os exilados estão de volta ao país e devem negociar com os que ficaram? Os habitantes da Judeia respondem que Abraão era "um só (*ehad* em hebraico) e que ganhou a posse da terra" (Ez 33,24), mas eles são muitos, e é a eles, portanto, que a terra é dada. Os que ficaram no país invocam assim Abraão como figura de referência. Esse texto refere-se aparentemente ao conflito entre os exilados e os que permaneceram no país. É um grande clássico na história da humanidade. O interesse desse texto é nos indicar que talvez houvesse outras tradições relativas a Abraão, e menos valorizadas no ciclo do Gênesis, em que Abraão é um hóspede, um estrangeiro, que precisa negociar com os outros para possuir alguma coisa – o que é muito diferente da ideologia da conquista da terra.

Mas qual é então a necessidade de Abraão? A tradição do Gênesis o associa a Hebron e o reconhece como pai de diversas tribos, o que não faz dele a figura de uma identidade nacional, contrariamente a Jacó, que se torna Israel (Gn 32,29) e um ancestral nacional. Abraão, em Hebron, fica longe de Jerusalém, que raramente controla o sul do Neguev. Hebron, à época persa, não faz parte da província da Judeia, e acolhe várias tribos, como uma espécie de *melting-pot* [caldeirão]. Abraão faz mais a figura de um pai múltiplo, de um ancestral que permitiria coabitar com outros, dando assim uma identidade a diferentes populações, uma espécie de ancestral internacional, ou "ecumênico", para retomar a expressão de Albert de Pury (2000). Finalmente, a figura de Abraão testemunha na Bíblia o trabalho realizado para vincular diferentes ancestrais, fabricar uma genealogia de referência, reunindo diferentes tribos e populações, associando áreas geográficas distintas, norte e sul.

Podemos igualmente perguntar sobre o vínculo entre Abraão e Isaac nos textos. Isaac é uma figura muito apagada, e temos a impressão de que o personagem Abraão o "vampiriza", notadamente descendo e alojando-se em Be'er Sheba, o lugar de Isaac. Ele mesmo não fazendo senão repetir a história de Abraão, em Gênesis 26, quando Abimelec, o rei dos filisteus, descobre que Isaac mentiu ao apresentar Rebeca como sua meia-irmã, por medo de que os homens do lugar o matassem em razão de seu desejo por sua mulher. Mas essa repetição de Gênesis 12 é puramente teórica, deslocada, um simples lembrete, assim como o episódio dos conflitos ao redor dos diferentes poços que inclui os de Abraão em Gênesis 21. Poderíamos imaginar que Abraão teria de alguma forma recuperado as tradições de Isaac, este aparecendo então como o "elo fraco" dos três patriarcas. Pai e filho são reconhecidos, mas a vida deste último é ocultada, não sendo esse o caso de Abraão e Jacó. Assim, no relato do sonho de Jacó em Gênesis 28, YHWH se apresenta estranhamente a ele por esta fórmula: "Eu sou o Deus de Abraão, teu pai, e o Deus de Isaac" (Gn 28,13), como se "o Deus de Isaac" pudesse ser um acréscimo, uma glosa relatada *a posteriori* integrando a figura de Isaac na genealogia patriarcal. Daí a importância enigmática que assume o episódio do sacrifício em Gênesis 22, no qual Isaac poderia ter sido eliminado. Última ambiguidade entre as duas figuras patriarcais.

Diferentes denominações da divindade intervêm também no capítulo 22, das quais já falamos. Em primeiro lugar *hâ-elohim*, com o artigo, em seguida *elohim*, e enfim *YHWH*, que detém a mão de Abraão. Ou ainda o nome da montanha, *moriyyah*, que diferentes tradições associam seja a Jerusalém, seja a Siquém, de sorte que o lugar do sacrifício abortado pode ser reivindicado simultaneamente tanto pelos samaritanos quanto pelos judeus. Inicialmente temos dificuldade de identificar *hâ-elohim* ou *elohim*: seria o Deus de Israel? Seria a divindade? Ou se trataria, ainda, de um deus dos pagãos? Aqui ainda, o relato comporta certa ambiguidade. A expressão *hâ-elohim* geralmente é apresentada em Coélet, e designa a divindade como destino, um Deus incompreensível. Esse termo cria uma certa distância. Mas quem interrompe o massacre, que põe fim ao sacrifício, é justamente o anjo de

YHWH. Como se os redatores quisessem passar de um Deus para outro. Essa alternância talvez seja desejada. Por muito tempo identificou-se, na análise diacrônica do Pentateuco, Gênesis 22 como um texto atribuído a um documento "eloísta", um documento cujo autor utilizou exclusivamente o termo *elohim* para falar de Deus, sem poder explicar a figura do anjo de YHWH. Mas a passagem de *elohim* para YHWH talvez seja justamente intencional: tirar a ambiguidade sobre a figura de Deus.

A Bíblia, em diversas ocasiões, testemunha essa alternância de nominações. Assim, na vocação de Moisés, encontramos a expressão *hâ-elohim*, mas aquele que chama da sarça (Ex 3,1-14) é exatamente YHWH; ele mesmo substituindo o anjo. Na história de Abimelec, o texto só fala em *elohim*, e é somente no fim que se fala que YHWH havia tornado todas as mulheres do país estéreis para impedir que esse rei se deitasse com Sara. Esse jogo de diferentes nominações da divindade nos textos diz algo mais. Se não foi unificado, é significativo. Poderia ter sido modificado, e às vezes tentou-se tais revisões. No conjunto dos salmos que denominamos "Saltério eloísta" (Sl 42–83), é possível identificar uma vontade de unificação. Substituiu-se inúmeras ocorrências de YHWH por *elohim*. Sabemos disso porque alguns salmos paralelos, nas Crônicas notadamente, falam, por sua vez, de YHWH. Mas isso ainda permanece um grande mistério. Como explicar essa mudança de nome? Para alguns, trata-se de uma revisão em vista de universalização. No entanto, permanecem algumas ocorrências de YHWH nesse saltério eloísta. Talvez as tenham esquecido, mas talvez tenham sido acrescentadas posteriormente. Podemos imaginar que essas alternâncias YHWH e *elohim* testemunham um trabalho consciente sobre a nominação da divindade. É com as traduções que essas distinções tendem a tornar-se confusas. No Livro de Samuel, comparando o texto grego com o hebraico, o texto massorético, a distinção dos termos YHWH e *elohim* não é respeitada. Quando o texto massorético emprega YHWH, podemos encontrar *theos* (Deus) ou *kyrios* (Senhor) para *elohim*. Será que o grego traduziu outro manuscrito hebraico? Não o sabemos. Mas podemos dizer, no entanto, que em Gênesis 20 e 22 a passagem de *elohim* para YHWH testemunha uma consciência, senão de uma vontade, pelo menos de distinção.

A explicação do nome Ismael também aporta um elemento interessante. Ismael significa "que *El* (Deus) escuta", ou "que *El* seja cuidadoso". Quando o anjo diz a Agar no deserto que ela chamará seu filho de Ismael, ele especifica: "YHWH ouviu tua miséria" (Gn 16,11). Ou, em Gênesis 21: "YHWH ouviu a voz do menino". Nesse caso, se quer marcar uma identificação de *El* e de YHWH. Sem dúvida pretendeu-se dizer: os descendentes de Ismael, os árabes, os ismaelitas, veneram talvez *allah*, ou toda espécie de deuses, mas, de fato... trata-se de YHWH.

Na história de Jacó também encontramos passagens em que ele invoca o Deus *El*, o Deus de Israel. Talvez se trate de harmonizar a história, já que o nome de YHWH, de acordo com os sacerdotes, não é comunicado a ninguém antes de Moisés. Deus diz, em Êxodo 6,3, que abre a versão sacerdotal da vocação de Moisés: "Eu me apresentei a Abraão, Isaac e Jacó como *El Shaddaï*. Mas sob meu nome de YHWH não me fiz *conhecer*". Temos, pois, a impressão de que os redatores querem de fato evitar o nome de YHWH nos relatos dos patriarcas, mas nem sempre conseguem. Em Gênesis 15, quando Deus se apresenta a Abraão, Ele diz: "Sou eu YHWH que te fez sair de Ur dos Caldeus".

3
O jogo Abraão-Moisés

Com o Êxodo, outro personagem faz sua aparição: Moisés. Em todo o Pentateuco, assistimos a uma espécie de competição entre Abraão e Moisés. Quem é o maior? Quem é o primeiro profeta? Quem é o verdadeiro crente? Essa interrogação funciona como uma matriz. Aplica-se a Abraão algumas características de Moisés e vice-versa. É um pouco como uma partida de futebol; no fim, quem ganha? Segundo alguns aspectos, é Abraão; segundo outros, Moisés. Uma diferença importante entre Abraão e Moisés, como já vimos, concerne à terra: Abraão a percorre e a habita; Moisés deve conquistá-la sem ter sucesso. Outra distinção se refere à genealogia. Ela é importante para Abraão e para todos os patriarcas, mas para Moisés, em contrapartida, o vínculo genealógico se interrompe.

Se buscarmos indícios para determinar quem seria o primeiro profeta, encontramos no Deuteronômio um discurso de YHWH destinado a Moisés: "Farei surgir do meio deles, do meio de seus irmãos, um profeta como tu. Colocarei minhas palavras em sua boca e ele lhes dirá tudo o que eu lhe ordenarei" (Dt 18,17). Moisés é, portanto, o primeiro profeta. Mas em Gênesis 20, o Rei Abimelec se dirige a Abraão para que este interceda por ele, pois "é um profeta". E já em Gênesis 15, a expressão "a palavra de YHWH foi dirigida (*hayah debar YHWH el*) (Gn 15,1)", que se encontra frequentemente nos livros de Jeremias e Ezequiel, faz de Abraão um profeta. Mas então, o que é feito de Moisés? Segundo alguns textos, ele é muito mais do que um "simples" profeta. Por ocasião da morte de Moisés, que diferentemente de Abraão (Dt 34,4) viu a terra, mas nela não entrou, o Deuteronômio especifica: "Nunca mais em Israel surgiu um profeta como Moisés, a quem YHWH conhecia face a face" (Dt 34,10). Há sem dúvida outros profetas, mas ninguém pode igualar-se a Moisés. No entanto, do ponto de vista da fé, Abraão parecia suplantá-lo. Em Gênesis 15,6 lemos: "Abrão teve fé em YHWH, e isto lhe foi creditado como justiça". Podemos opor a esse episódio o de Números 20. Curiosa história no deserto, após a saída do Egito, quando o povo murmura e se queixa que não tem água. YHWH disse a Moisés e Aarão: "Moisés, toma o bastão, tu e teu irmão Aarão, reúnam esta comunidade e dizei ao rochedo diante dela: dê tua água, e a água jorrará do rochedo, e eles beberão, eles e seus rebanhos" (Nm 20,8). A sentença soa: "Vós não os fareis entrar no país que lhes dei" (Nm 20,12). Moisés, o magnífico profeta, conheceu, portanto, um momento em que não teve fé, um momento em que não teve confiança na palavra de YHWH. Ora, isso jamais é dito de Abraão. Do ponto de vista da fé, Abraão suplanta Moisés.

Essa estranha história, aliás, é a prova de que existem várias tentativas de explicação para justificar que Moisés não tenha entrado na terra. Em Números 20, se lhe atribui uma responsabilidade pessoal. Em contrapartida, duas vezes no Deuteronômio (1,37 e 3,26) Moisés adverte o povo: "É por vossa causa que eu não pude entrar na terra". Ele é chefe do povo e, portanto, responsável por essa geração rebelde que não entrará na terra prometida. Moisés vai, de alguma maneira, carregar essa culpa coletiva.

Abraão, que suplanta pela fé, é uma figura mais facilmente "recuperável" pelo cristianismo e pelo islã do que Moisés. Este faz mais figura de antimodelo por causa da Lei, de que é mediador. Urge aguardar o Jesus do Evangelho de Mateus, que fala como um novo Moisés ao interpretar a Lei: "Moisés vos disse, eu, porém, vos digo…" Mas Abraão, por sua vez, já é o pai dos crentes. É o primeiro cristão, o primeiro muçulmano. Moisés jamais é considerado nem como o primeiro cristão, nem como o primeiro muçulmano.

4
As metamorfoses de Jacó

O cristianismo também não considera muito Jacó. No Gênesis, ele aparece como neto de Abraão, mas originalmente tem a ver com tradições diferentes. Abraão está no Sul, Hebron, como Isaac, que é de Be'er Sheba (Bersabeia), ao passo que Jacó é associado a Betel, Siquém (Fanuel), lugares que se situam no reino do Norte. Jacó é fundador de santuários. Ele, após uma visão noturna em Betel (Gn 28,11-19), se entrega ao famoso combate contra um ser misterioso em Fanuel (Gn 32,25-29). Esse combate faz com que Jacó mude de nome e se torne Israel. Eis uma diferença maior com Abraão. E se é verdade que o próprio nome de Abraão é um novo nome dado a Abrão (Gn 17,5), de certa forma é uma imitação literária da mudança de nome de Jacó. No momento da fusão das tradições de Abraão e de Jacó, muitos elementos que pertenciam à tradição de Jacó são utilizados por Abraão. Assim, Abraão atravessa, no início de sua história, os grandes lugares de Jacó (Gn 12,1-9). E como Jacó mudou de nome, urge que Abrão também o faça. Essa mudança de Abrão para Abraão quer dizer algo, mas não tem uma função clara e política, como a mudança de nome de Jacó para Israel. Abrão é um nome semítico muito comum, e que significa "o Pai (o Deus ou o ancestral divinizado) é elevado". O nome de Abraão é uma construção teológica, talvez sobre um jogo de palavras, mesmo que isto não funcione bem etimologicamente, com "pai de uma multidão (*hamôn* em hebraico)". Essa mudança não tem posteriormente uma função. Mas a mudança de Jacó em Israel permite fazer de Jacó uma espécie de ancestral nacional, diferentemente do caso de Abraão, que realmente nunca vai a Jerusalém. Exceto, talvez, por ocasião de seu encontro com Melquisedec, sacerdote e rei de Salém. Eles se encontram, mas Abraão não permanece por lá. Jacó, no entanto, irá a Siquém, próxima da capital do Norte.

O relato bíblico é elaborado a partir de tradições diferentes para construir uma genealogia. Numa perspectiva judaica, Abraão torna-se o primeiro, Isaac o segundo ancestral do Sul, e Jacó é feito neto de Abraão. Os etnólogos mostraram que nas civilizações ditas orais ou tribais, notadamente na África, quando os clãs se aproximam, também aproximam seus ancestrais. Criam-se assim tios, avós, e se lhes atribui uma genealogia comum. E quando se separam, como Abraão e Lot, a separação é narrada genealogicamente.

Se nos situarmos numa perspectiva histórica, a história de Jacó é sem dúvida a tradição mais antiga dos três patriarcas. É uma tradição que vem claramente do Norte (como o mostram os lugares de estada ou de passagem do patriarca: Betel, Fanuel, Hará, na Síria). No Norte, a história de Jacó, que remonta provavelmente ao final do segundo milênio antes da Era Cristã, será transformada, de sorte que ele se tornará Israel, portanto, um herói homônimo e nacional. Esse Jacó/Israel chega ao Sul após a destruição de Samaria, pelos assírios, em 722. Os redatores quiseram integrar essa tradição do Norte. Mas de que forma? Fazendo de Jacó um descendente de Abraão! Podemos constatar esse vínculo entre Abraão e Jacó mais tarde, em textos proféticos, notadamente na segunda parte do Livro de Isaías, o chamado Dêutero-Isaías: "Jacó que escolhi, descendência de Abraão que amei".

Sem dúvida, a história nacional de Jacó (sem vínculo com Abraão) já existe desde o século VIII. Originalmente, a gesta de Jacó narra a história de uma tribo, a dos filhos de Jacó, que, sem dúvida, o Rei Jeroboão II faz estabelecer como o ancestral de Israel, provavelmente fazendo dele o fundador do santuário de Betel, que foi o santuário mais importante do reino do Norte. É curioso, aliás, que na Samaria, que era a capital do Norte, se encontrasse um templo de YHWH, mas aparentemente pouco importante, dado que a Bíblia jamais fala dele. O grande santuário do Norte, como é possível constatar no Livro de Amós, é Betel, denominado santuário real. Quando Amós vem do Sul e tenta profetizar naquela região, mesmo sem ser bem recebido, o sacerdote em exercício lhe diz: "Não diga nada contra Betel, pois este é o santuário real" (Am 7,13).

Jacó se torna o fundador de Betel com a história do sonho (Gn 28,10-22). O nome Betel indica que é o santuário de El, a casa de El, recuperada em seguida por Jacó para YHWH.

Voltemos ao relato da mudança de nome de Jacó. Admitamos a necessidade de Jacó tornar-se Israel. Que raiz poderia ter o nome Israel? Uma raiz poderia ser "lutar"; portanto, "que ele combate". Outra raiz poderia ser "reinar"; logo, "que ele governa". Se optamos por "lutar", poderíamos imaginar um vínculo com a história do combate, uma história iniciática, que ocorre de noite, que compreende a travessia de um rio. Esse tipo de história está presente em muitos relatos iniciáticos, como na *Lenda do Rei Artur*. Jacó luta, pois, com um ser misterioso, *ish* em hebraico, um homem, alguém. Em Oseias 12,5 diz-se que se trata de um anjo, mas podemos nos perguntar se não seria uma glosa acrescentada posteriormente. No relato de Gênesis 32, trata-se de "alguém". Urge dar um significado ao lugar chamado Fanuel, e é Jacó que vai fazer esta interpretação: "Jacó chama este lugar de Fanuel (isto é, face de *El*), pois, dizia, eu vi *El* face a face, e a minha vida foi salva" (Gn 32,31). Muitos nomes de lugares são assim explicados por visões. Jacó é o homem da visão, ou do sonho. A descoberta de Betel faz-se assim por um sonho. Jacó se torna dessa forma um fundador dos grandes santuários do Norte.

Mas, no início da história, Jacó é mais um fugitivo: ele se separa de seu irmão Esaú, e em seguida de seu tio Labão, que o havia acolhido. Numa das versões da história se diz que Jacó foge porque aborreceu seu irmão por ter-lhe roubado a bênção de seu pai. Na versão sacerdotal, em contrapartida, Rebeca, sua mãe, diz que ele deve partir a fim de encontrar uma mulher de sua parentela (Gn 28,1-9) e não se casar com uma das mulheres do país. Jacó chega, pois, à casa de Labão, em Harã, sua família, de acordo com a genealogia apresentada em Gênesis 11. Segundo algumas interpretações, essa história testemunha a vontade dos exilados de casar-se entre si a fim de evitar a dispersão de seus bens, e manter um vínculo de parentesco, talvez imaginário. O fato é que Jacó vai instalar-se em Harã. Mais tarde será enganado por seu tio Labão, que o casa primeiro com sua filha Lia, quando, de fato, Jacó estava inflamado por Raquel. É um grande clássico: quem engana será enganado. Mas Jacó acaba sendo o mais astuto de todos, já que conseguirá acaparar-se de uma grande parte do rebanho de seu tio Labão, aumentando, portanto, seu rebanho. As tensões resultantes dessa história provocaram uma separação das terras no território de Gileade, ao Norte, na Transjordânia. Fato que leva alguns autores a afirmarem que Labão, na história antiga, não estava em Harã, na Síria, mas em algum lugar na Transjordânia, já que é lá que os dois chefes do clã demarcam a fronteira entre si. Essa história muito antiga de Jacó seria, pois, a história de uma separação, bastante tradicional, de dois clãs; semelhante à história de Abraão e de seu sobrinho Lot, em Gênesis 13. A separação de Jacó e Labão se resolve assim de maneira pacífica ao traçar uma fronteira e ao criar uma espécie de aliança na qual faz-se um juramento pelo Deus de Jacó e pelo Deus de Naor, considerado pai de Labão. A história de Jacó, portanto, é uma história de separação, uma história de fuga e uma história de instalação. Ele, após ter fundado os grandes santuários do Norte, acaba se estabelecendo em Siquém.

É igualmente possível observar o vínculo entre Jacó e Esaú, seu irmão mais velho. Este último é uma personificação de Edom, situada bem mais ao Sul. Eles se reencontram, se reconciliam, sem que se saiba se foi uma verdadeira reconciliação, visto que em seguida se separam. O combate com o desconhecido de Fanuel pode ser lido como uma prefiguração desse encontro temido por Jacó. Na noite anterior ao reencontro, Jacó está muito ansioso. É naquela noite que, após ter feito atravessar toda sua família antes dele, sozinho enfrenta o misterioso desconhecido, e que muda de nome (Gn 32,14-33). Ele teme o confronto com esse irmão mais poderoso do que ele (no dia seguinte o vê chegar com mais de 400 homens), mas é finalmente combatendo esse *ish*, esse ser misterioso, numa espécie de batalha antecipada, que consegue enfrentar pacificamente seu irmão. Após a cena de reconciliação, os territórios de cada um se mantêm intactos.

Os arqueólogos descobriram em Kuntillet Ajrud, no nordeste da Península do Sinai, entre Gaza e Eilat, inscrições que falam de um YHWH de Samaria e de um YHWH de Temá (outro nome para Edom, ou uma região dentro de Edom). Essas inscrições indicam que YHWH era venerado no Norte e no Sul. Alguns pensam inclusive que YHWH era adorado também pelos edomitas, o que poderia se refletir no título "YHWH de Temã". Isto porque até o século VII se ignorava quem era o seu Deus. A Bíblia fala do deus dos moabitas, Chemosh, e dos amonitas, Milcom. Nos textos edomitas temos a nomeação do deus Qaus ou Qôs, mas que só é atestado a partir dos séculos VII-VI, mesmo que YHWH possa ter sido o Deus nacional dos edomitas, segundo a relação fraterna, não obstante complicada, de Jacó e Esaú. Talvez o texto quisesse significar também que um irmão não pode dominar o outro. No início da história, quando Isaac abençoa Jacó, que por sua vez trapaceou para conquistar para si a bênção do primogênito, lhe diz: "Edom será teu servidor" (Gn 27,37). Finalmente, vemos que as coisas não acontecem dessa forma. É possível perceber, portanto, que toda essa trapaça não lhe serviu de muita coisa, muito embora tenha se tornado Israel.

Desta forma, um clã de Jacó foi constituído, e deste Jacó nascem 12 filhos, que por sua vez vão tornar-se as 12 tribos de Israel. Sua filha Diná não foi integrada à lista dos nascimentos. Entre Gênesis 29 e 31 descobrimos um relato de uma competição de nascimentos entre as duas mulheres principais de Jacó, às quais se deve acrescentar as concubinas, ou, mais exatamente, as servas das duas mulheres. Assim se formam quatro grupos de tribos com quatro mães diferentes. É possível imaginar que, mesmo se 12 for um número simbólico, especulativo, o texto supõe que aquilo a ser denominado Israel é uma espécie de federação de clãs de origens diferentes. Como essas tribos são diferentes, se lhes atribui mães diferentes, mas todas com o mesmo pai, para garantir-lhes a coerência. Note-se que a mulher preferida de Jacó, Raquel, só lhe dá dois filhos, José e Benjamin, que possuem um estatuto particular. Esse estatuto será retomado pelo autor da história de José, que fará de José e Benjamin os personagens principais de seu relato. Judá e Rubem também exercem papéis importantes, mas Benjamin é associado ao próprio José, como uma espécie de espelho de José, um segundo José, em relação aos outros irmãos.

Percebe-se assim que o relato bíblico constrói vínculos genealógicos cruzados com a geografia. Jacó tem muitos filhos, 12, mas todos permanecem internamente unidos, mesmo que sem evitar conflitos, mesmo que haja um Norte e um Sul. Dessa forma chega-se à constituição de um povo, Israel, não obstante as diferenças.

5
O romance de José, herói da diáspora

Podíamos ter perfeitamente continuado essa história sem José. Gênesis 46 apresenta uma lista dos 70 descendentes de Jacó que foram para o Egito. Fora dessa lista encontramos José, mas posteriormente a lista o mostra já presente no Egito, acolhendo sua família. Alguns textos, como Deuteronômio 26,5, afirmam: "Meu pai era um arameu errante, ele desceu ao Egito, e lá tornou-se uma grande nação". Para explicar a entrada no Egito, basta dizer que Jacó foi para aquele país com sua família por causa da fome. Portanto, parece que o romance de José é um acréscimo. Se olharmos para além do que o Gênesis diz, José aparece como um nome geográfico do Norte, a "casa de José". É igualmente o caso de Efraim e Manassés, que são, no Gênesis, as duas tribos oriundas dos filhos de José e, às vezes, também denominados "casa de José".

José poderia ser, portanto, um nome geral para designar essa região ao Norte. Mas isso não pressupõe um conhecimento da história de José. O único texto que cita essa história de maneira explícita é o Salmo 105, que faz uma espécie de recapitulação da história dos patriarcas: "Ele enviou diante deles um homem, José, vendido como escravo" (Sl 105,17). Salmo que já conhece e retoma todo o Pentateuco.

A história de José, filho de Jacó, é um "romance"; um acréscimo tardio. Mas por quais razões? Nesse texto, muitas coisas vão de duas em duas: dois sonhos de José, dois sonhos do Faraó, duas descidas dos irmãos ao Egito, dois irmãos, Rubem e Judá, que tentam salvar José, e em seguida Benjamin... Mas nunca conseguiu-se construir, com esses pares, relatos paralelos.

Voltemos à questão primeira: por que esse *romance* foi redigido? Em breves palavras: antes do grande relato do Êxodo no Egito, o romance representa outra imagem do Egito. Na história de José, o Egito é uma terra de acolhida; quem nela permanecer pode progredir. José não se torna o primeiro do país e sim o segundo, depois do Faraó; mas seu sucesso é tamanho que pode fazer vir sua família para salvá-la da fome. É a história de uma imigração que deu certo, que prosperou. Para fazer o vínculo com o relato do Êxodo e o da entrada no país, os redatores se servirão do tema dos restos mortais de José: uma vez conquistada a terra, e depois da morte de José, seus restos mortais devem ser trazidos, para nela ser enterrados, no Norte (Js 24,32). Esse tema não fazia parte da história original de José, que é um romance da diáspora. Existem outros, como Ester ou a primeira parte do Livro de Daniel. Aliás, existem muitos vínculos entre o relato de Daniel e o de José. É uma maneira de mostrar que, quem sabe arranjar-se, integrar-se, pode perfeitamente instalar-se e dar-se bem em terra estrangeira. A história de José fala do Egito da época persa ou ptolomaica, portanto, helenística. É possível distinguir vários acréscimos a essa história de José, notadamente quando ele "inventa o capitalismo", em Gênesis 47, em que brinca com o valor dos bens e das terras segundo os períodos de fome e de carestia, açambarcando riquezas para o Faraó. Esse acréscimo testemunha sem dúvida mudanças importantes na sociedade egípcia sob os ptolomeus, que praticam uma espécie de capitalismo de Estado e povoam as cidades estabelecendo nelas os moradores do campo. É o que igualmente faz José nessa passagem. De certa maneira, ele faz dos egípcios escravos do Faraó. Estamos diante de uma espécie de protocapitalismo. A maioria dos egiptólogos que trabalha sobre o que é dito dos costumes egípcios na história pensa que o relato de José reflete nomes e práticas atestadas entre o século VI e os séculos IV e III. Sabe-se igualmente, pelos manuscritos redigidos em aramaico, descobertos na Ilha de Elefantina, que nela havia uma presença importante de israelitas e judeus. Estes últimos fazem um pouco o que fez José: se casam com egípcios, assumem duplos nomes, judeus e egípcios, e mantêm, em geral, boas relações com o Egito.

A intervenção da divindade na história de José se revela muito parcimoniosa. Fora de Gênesis 39, o narrador jamais menciona o tetragrama YHWH, tampouco uma intervenção direta da divindade. É possível ler esse relato como um relato profano, como um "romance". Também se pode afirmar que, uma vez abandonado por seus irmãos, José arquitetou tudo para dar-lhes uma lição. Quando José incrimina seus irmãos como espiões, são eles mesmos que reconhecem: "Eles disseram entre si: lamentavelmente, somos culpados perante nosso irmão" (Gn 42,21), e entendem o que lhes aconteceu como uma punição divina: "Que é que Deus nos fez!" (Gn 42,28). E, no final do Gênesis, José diz: "Quisestes fazer-me o mal, mas Deus o transformou em bem a fim de preservar a vida de um povo numeroso" (Gn 50,20). Exceto no capítulo 39, toda alusão a Deus (neste caso sempre *elohim* ou *hâ-elohim*, e nunca YHWH) vem da boca dos protagonistas, jamais do narrador, que nunca toma partido. O leitor pode crer ou não naquilo que tanto José quanto seus irmãos dizem de Deus. Nada é imposto. Diferentemente do texto do Êxodo, em que o narrador afirma que foi YHWH que endureceu o coração do Faraó, que é YHWH que inflige toda espécie de pragas. Na narração do Êxodo, YHWH é onipresente.

Outra observação: na história de José, seus dois filhos, Efraim e Manassés, são meio egípcios, já que têm por mãe a egípcia Azenate, ela mesma filha de um sumo sacerdote. Trata-se de uma nova diferença em relação ao Êxodo. Se José e o Faraó, no Gênesis, falam juntos de Deus, de *elohim*, sem qualquer problema teológico, na história do Êxodo o Faraó não reconhece o Deus dos hebreus e faz troça dele. Vemos no relato do Êxodo, portanto, uma espécie de confronto de divindades que não existe na história de José.

José, no final, é embalsamado como um egípcio de alta estirpe. Ele morre aos 110 anos, idade considerada nos textos egípcios como a da plenitude dada aos grandes homens. Uma vez esse relato integrado ao Pentateuco, urge, portanto, relatar como o corpo de José retornou ao seu país. Ora, a partir da época helenística, o costume queria que para os mais ricos da diáspora, uma vez seus ossos dessecados, estes fossem levados para a sua região de origem. Assim, em Beth Shean, ao norte de Israel, se encontra um cemitério das ossadas de judeus da diáspora dos séculos III, II e I antes da Era Cristã. Pode-se considerar a história de José como o relato fundador ou ao menos como o reflexo dessa tradição.

A história de José é marcada por um conflito entre irmãos. Um grande clássico na Bíblia. Vale lembrar o paralelismo com Caim e Abel ou Jacó e Esaú. Na história de José encontramos uma oposição entre Judá (o Sul) e Rubem (o primogênito). Mas nela se vê igualmente um conflito entre José e seus irmãos. O irmão rejeitado pela irmandade torna-se, no fim, o irmão mais poderoso. Talvez se trate de uma reflexão sobre o poder econômico da diáspora que foi mal vivida pelas populações permanecidas no país. Sabe-se que alguns judeus da diáspora eram mais ricos que os autóctones. Uma situação dessas pode suscitar tensões no interior do judaísmo nascente.

Quando se observa o território de Benjamin, com José, o filho preferido de Jacó e Raquel (ela mesma a mulher preferida de Jacó), se percebe que ele sempre foi disputado pelo Norte e pelo Sul ao longo da história. O destino de Benjamin é marcado por esse confronto. Ele é levado ao Egito por seus irmãos, e se torna de alguma forma refém de José. Mas de alguma maneira ele serve para provocar a "reconciliação" entre José e seus irmãos. Benjamin faria parte de Judá? Quando José diz: "Benjamin deve morrer", Judá garante: "Eu respondo por ele". Por sua vez, José, que pode representar o Norte, quer de alguma forma fazer dele um segundo ele mesmo. E consegue fazê-lo. Mas o comportamento dos irmãos em relação a Benjamin é diferente daquele dos irmãos em relação a José. Este último privilegia Benjamin por ocasião de uma refeição diante de seus irmãos, assim como ele havia sido privilegiado por seu pai Jacó, fato que teria provocado o ciúme de seus irmãos. Ele age com Benjamin como seu pai havia agido com ele. Mas, desta vez, os irmãos aceitaram. O relato se torna político e psicológico. Podemos lê-lo em vários níveis. Por Benjamin se opera a reconciliação entre o Norte e o Sul, mas talvez também entre a diáspora e as populações da Samaria e da Judeia. Por que Benjamin? Por ser o segundo filho de Raquel, mas também porque é um território reivindicado por essas duas entidades políticas. Essa dupla reivindicação se reflete igualmente na oposição entre Rubem (Norte) e Judá (Sul). O que deve ser sublinhado é que no relato Benjamin se torna um novo José, que também é posto de lado por seus irmãos, mas, contrariamente a José, os irmãos são agora solidários com seu caçula. Por essa solidariedade reencontrada, o relato permite uma reconciliação dos irmãos.

Essa história realiza um processo pedagógico. Como a maioria das histórias bíblicas, ela pode ser lida em vários níveis. Ela é muito mais que uma simples história de reconciliação. E comporta várias perspectivas e mantém semelhanças com uma teologia muito moderna, já que não necessita da presença de Deus, assim como é, por exemplo, a versão hebraica da história de Ester, em que Deus está ausente (ele foi acrescentado na versão grega). Aqui já se começa a questionar a intervenção de Deus na história humana. Como Ele intervém? Será que é só *a posteriori* que podemos dizer que Ele interveio? É um pouco o que suscita como questionamento a história de José. Na história de Ester, em uma passagem encontramos a menção da "salvação que vem do alto". Seria a inteligência de Mardoqueu que fez mudar o rei ou foi intervenção divina? Esses relatos se revelam muito mais modernos desse ponto de vista do que outros, como, por exemplo, o Êxodo. Trata-se igualmente de relatos de diáspora. Como membros da diáspora, que sempre tentam integrar-se, não podem afirmar com muita força suas diferenças, mesmo buscando de alguma maneira preservá-las, o que é, forçosamente, fonte de problemas. Daí, na história de José, o episódio da mulher de Putifar, que o levou à prisão (Gn 39). Essa história foi sem dúvida acrescentada posteriormente. No relato original, José foi comprado como escravo por um guarda de prisão que o fez trabalhar naquele local. Pela inserção da história da mulher de Putifar sua estada na prisão é explicada como resultante de falsas acusações da parte da mulher do amo de José. Mas no relato se observa que José não é prisioneiro, e que ocupa mais as funções de um guarda de prisão. Lá, ele interpreta os sonhos de dois detidos, e vai em busca de sua ascensão social. Na história que lemos hoje, temos a impressão de que ele se encontra na prisão para ser punido, ao passo que, de fato, nela ele trabalha, está a serviço do chefe da prisão. O acréscimo da história da "senhora de Putifar" em Gênesis 39 é obra de um redator que queria insistir numa intervenção direta da parte da divindade; dessa forma, em um dado momento ele declara: "Mas YHWH estava com José" (Gn 39,3); e é somente nesse capítulo que o nome de YHWH aparece para dizer que, quando é feita menção em outros textos de *elohim* (de um Deus ou de deuses), trata-se exatamente de YHWH. Temos aí o que pode ser considerado uma espécie de controle teológico.

Também é possível ver na história de José e na de Ester uma reflexão sobre os inícios de um antijudaísmo, ou de uma certa judeofobia. De fato, a partir da época helenista começamos a encontrar traços de discursos antijudaicos. O relato de José, que se vê acusado pela mulher de Putifar e posto na prisão, lembra, dessa forma, que nada é fácil em situação de diáspora, mesmo em caso de ascensão social. Urge integrar-se, mas tomando as devidas precauções. Existe um conto egípcio denominado *Os dois irmãos*, em que o primogênito, casado, toma seu irmão caçula a seu serviço. Eles trabalham juntos no campo. Um dia, a mulher do primogênito propõe ao jovem irmão deitar-se com ele, de maneira muito semelhante à mulher de Putifar. O narrador do relato de José certamente conhecia essa história. O conto egípcio se complexifica e assume uma direção dramática. O caçula acaba se tornando faraó. Esse acontecimento provavelmente foi retomado na história de José, prefigurando sua ascensão. Contrariamente ao conto dos dois irmãos, José não se torna faraó, mas torna-se o segundo homem na escala de poder. No conto, a mulher será morta por seu marido; na história de José, em contrapartida, a mulher de Putifar não é punida. Esse aspecto não interessa ao narrador. Ele se inspira nesse conto unicamente para levar José à prisão, onde a história antiga já o havia situado, mas dessa vez com o motivo da punição, da qual deve sair novamente graças à interpretação dos sonhos.

Outro texto bíblico, Provérbios 7, retoma o tema da mulher sedutora, da mulher estrangeira com quem é preciso ter cuidado. "Guarda-te da mulher alheia, da estranha de palavras sedutoras" (Pr 7,5), justamente por ser sedutora: "Gozemos juntos as delícias do amor, pois meu marido não está em casa" (Pr 7,18-19). Os temas utilizados podem ser vinculados à história de José. Trata-se de muitos indícios que permitem dizer que o autor conhece muito bem a literatura bíblica. A história de Amnon e Tamar, no Segundo Livro de Samuel, também retoma a mesma temática.

O texto da história de José indica que ele deve sofrer duas provações. Primeiramente é jogado numa cisterna por seus irmãos, depois é posto na prisão. Ora, o termo hebraico utilizado é o mesmo, *bôr*, a fossa. Dela ele poderá sair graças à interpretação dos sonhos de dois outros prisioneiros. Vemos uma espécie de progressão na forma com que ele faz as coisas. Os dois primeiros sonhos, junto aos seus irmãos e ao seu pai, se revelarão nefastos para José. São premonições de sua glória e de sua superioridade sobre seus irmãos: "De repente o meu feixe se levantou e ficou de pé, enquanto os vossos o cercaram e se prostraram diante do meu" (Gn 37,7). Não precisamos de nenhuma interpretação para compreender a significação desse sonho de orgulho, que apressará sua queda. Todos o compreendem. Mais tarde, no Egito, ele interpreta os sonhos de dois prisioneiros, o padeiro e o copeiro, antes de encontrar-se diante do Faraó para interpretar dois sonhos. Mas José não para por aqui; dará conselhos para frustrar as consequências dos sonhos, entre os quais o de recrutá-lo para "estabelecê-lo à testa do país do Egito" (Gn 41,33) e o de estocar trigo nos anos de fartura. Ele, portanto, evoluiu. Primeiramente relata seus sonhos, em seguida revela sua ciência de interpretação, e, finalmente, dá instruções de uso quanto ao seu significado. Também não se pode dizer, diferentemente de alguns, que o fato de os sonhos serem duplos pode ser explicado pela fusão de duas versões paralelas. Assim, os dois sonhos, o do copeiro e o do padeiro, são necessários: um, o do copeiro, tem um final feliz, o outro, o do padeiro enforcado, portanto, é nefasto. E é sobre essa oposição que o texto brinca, e a encontramos tal e qual nos dois sonhos do Faraó.

Outro tema talvez tenha sido acrescentado posteriormente: José e seu povo não são inteiramente integrados no Egito; de acordo com duas passagens, eles se instalam no país de Gessen, separados do Egito. É o que lemos quando José faz sua família ir para o Egito e manda dizer ao seu pai: "Deus promoveu-me senhor de todo o Egito, desce a mim sem demora. Tu habitarás o país de Gessen" (Gn 45,10 e 46,28)[5]. Lá lhes é permitido permanecer, mas apenas dentro dessa região. O redator que acrescentou esses textos parece querer indicar que eles não podem instalar-se em qualquer lugar. No entanto, essa precaução não é primordial, já que José vive na corte do Faraó. É ali que ele recebe sua família e que se torna um personagem muito importante.

Nesse relato de José, a terra prometida é a terra onde Jacó chora, onde perde seus filhos, onde grassa a fome, de onde ele deve partir para salvar-se... Aqui, mais uma vez, é possível fazer um paralelo com a história de Abraão em Gênesis 12, que também parte por causa da fome. Para José, no entanto, não é exatamente a mesma coisa. Ele é levado à força para o Egito, não retorna, e sua família deve sair de sua terra para encontrá-lo no estrangeiro. Como se a ideia de retorno fosse então integrada ao desejo de fazer de José uma espécie de elo entre os patriarcas e a história do Êxodo. Mas esse relato independente, cujo autor conhece bem a

---

5. Existe uma grande discussão sobre a localização de Gessen. Trata-se provavelmente de um prenome egípcio do leste do Delta, zona fronteiriça com o Neguev e um pouco afastada da civilização egípcia.

história dos patriarcas, foi escrito quase "contra" o Êxodo. E para dizer mais ou menos isto: não ouçam todos os que vos dizem "saiam do Egito"; podemos perfeitamente permanecer nele! Eis uma questão que o judaísmo sempre se colocou. O sonho do retorno à terra prometida está sempre presente, mas, de fato, os judeus da diáspora se sentem muito bem lá onde estão, e não desejam necessariamente fazer a *alyah*. José, Ester, Daniel o dizem claramente: a integração é algo bom, não obstante cheia de perigos. A integração não protege da rejeição, nem das perseguições.

Nessa história, Jacó é um pouco o pai que se deixa enganar pelos filhos, estes últimos fazendo-o crer na morte de José, após terem apresentado sua túnica embebida de sangue. Jacó acredita na morte de seu filho e "guarda luto" (Gn 37,34), sem que ninguém o contradiga. Ele é a imagem do velho pai excedido pelos acontecimentos; o velho pai de Benjamin, a quem inicialmente não quer permitir partir, mas deve ceder para conseguir em troca a chegada de alimentos. Assim Benjamin também descerá ao Egito. Mais tarde, embora Jacó se junte a José no Egito, permanecerá ligado à terra. E será enterrado no campo de Macpela, diante de Mambré, no país de Canaã; sem dúvida, para estabelecer um vínculo entre Jacó e Abraão, também enterrado no mesmo lugar. Era necessário, portanto, que Jacó retornasse a essa terra. Embora o narrador da história de Jacó conheça bem a história dos patriarcas, e a ela se refira, o faz muito livremente. Ele se apoia na história de Jacó e de seus 12 filhos; a escolha de José e Benjamin, que são os filhos da mulher preferida de Jacó, já o demonstra. O autor do relato de José supõe que seus destinatários conhecem igualmente a história de Jacó, e propõe um final diferente daquele que estavam acostumados a ouvir. Um final que vai levá-los ao Egito.

O Egito assume um lugar importante no relato. De um ponto de vista histórico, o judaísmo egípcio é tão poderoso quanto o judaísmo babilônico. A Septuaginta (nome dado à tradução grega da Torá) foi traduzida no Egito, e se dermos crédito a Flávio Josefo, compreenderemos que a diáspora judaica e samaritana era importante para o Egito. O filósofo judeu Fílon de Alexandria era uma dessas figuras. Essa diáspora tem muitas interações com a cultura grega e egípcia, e é às vezes malvista na Bíblia. O Profeta Jeremias, levado à força para o Egito, por aqueles que queriam fugir dos babilônios, proferirá oráculos violentos contra os que queriam ingressar no Egito (Jr 43). Temos a impressão de que se trata de uma diáspora mais liberal que a diáspora babilônica, e que busca o contato com a civilização helenística.

O Egito sempre foi uma terra de acolhida. Na história de Salomão, Jeroboão, seu opositor e futuro rei do Norte, foge para o Egito. Na história da realeza, quando Israel é ameaçado pelos assírios ou pelos babilônios, seus reis frequentemente buscam refúgio no Egito. Judá e Israel, ou a Palestina de maneira geral, se encontram ao longo de todo o primeiro milênio antes da Era Cristã encurralados entre o Egito, de um lado, e as potências do Norte, de outro, formadas pela Assíria,

Babilônia e Pérsia. Desde o século VI ou V, o Egito se torna um lugar em que israelitas e judeus se sentem à vontade, são bem integrados. A história de José testemunha essa imagem positiva. O Êxodo, em contrapartida, dá uma imagem do Egito como a de um país de inimigos, de onde é preciso sair a qualquer preço. Traços, sem dúvida, de uma tradição mais antiga. Essas diferentes imagens podem ser compreendidas num contexto em que se coloca a seguinte questão: temos que chegar à terra prometida? "Sobe para a terra onde corre leite e mel" (Ex 33,3), mas esse país, na história de José, é o Egito, e não necessariamente alhures.

A história de José situa-se na interface entre os patriarcas, de um lado, e Moisés e o Êxodo, de outro. Um relato que se integra no plano narrativo ao conjunto. Esse relato se conclui num verdadeiro suspense: o que acontece com os hebreus no Egito? Desde o prólogo do Livro do Êxodo, o drama é anunciado: "Os filhos dos israelitas frutificaram, aumentaram muito e se multiplicaram, tornando-se cada vez mais fortes, e a terra estava ficando cheia deles [...]. Então os egípcios submeteram os israelitas a uma dura escravidão" (Ex 1,7.13). Compreende-se assim como esse relato se opõe ao precedente, para além da cronologia narrativa. A tradição do Êxodo corresponde a outra tradição, muito mais antiga, que vem provavelmente do Norte. Segundo o relato bíblico, Jeroboão, o primeiro rei do Norte, cria dois santuários, em Dan e em Betel, onde ele teria colocado a estátua dos bezerros de ouro: "O rei fez dois bezerros de ouro, e disse ao povo: 'Subistes demasiadas vezes a Jerusalém! Israel, eis teus deuses, que te fizeram sair do Egito!' Ele pôs um desses bezerros em Betel e o outro em Dan. Foi nisso que consistiu o pecado" (1Rs 12,26-33). Essa história não é uma invenção das pessoas do Sul; inflige-se a Jeroboão todos os males, fala-se inclusive de "pecado de Jeroboão"; é que ele fabricou estátuas e construiu templos concorrentes ao de Jerusalém. É acusado de venerar essas estátuas denominando-as "YHWH que te fez sair do Egito". Se os que o querem responsabilizar usam esse argumento, é muito provavelmente porque no Norte se venerava YHWH como aquele Deus que fez sair seu povo do Egito. Talvez essa seja uma antiquíssima lembrança do fato de que Israel se constitui no Norte, também com um aporte desses nômades *shasou*, alguns deles procedentes do Sul, e que veneram YHWH. Essa memória muito antiga, anterior à época da monarquia, e veiculada no Norte, está talvez em plena ação no relato do Êxodo. No Sul, acrescentar-se-á a figura de Moisés.

Moisés, por sua vez, marca uma ruptura genealógica. O texto diz que sua mãe faz parte da tribo dos levitas (Ex 2,1), como seu pai, que desaparece misteriosamente antes de seu nascimento. A genealogia sacerdotal, no capítulo 6, tenta pôr ordem nas coisas dando nomes ao pai e à mãe de Moisés, bem como ao seu irmão Aarão. Mas é uma genealogia que apenas comporta alguns nomes, e que se interrompe bruscamente. Para Moisés e a história do Êxodo, a genealogia não tem mais nenhuma função. Doravante, não há mais interesse pelas tribos, mas fala-se dos "filhos de Israel".

Podemos ler o texto bíblico, portanto, como uma história contínua, e depois descobrir que na mesma história aparecem visões muito diferentes. O relato de José "funciona" bem, já que é assumido como um prólogo ao Êxodo. Mas ele é muito mais do que um prólogo. É até mesmo uma história que vai permitir "criticar" o Êxodo. É a genialidade do judaísmo que mantém juntos textos que podem ser contraditórios, sem apagar a contradição. No Talmude, esse procedimento é levado ao extremo. Do ponto de vista da recepção, o judaísmo jamais quis fazer distinções teológicas. Contrariamente ao cristianismo, notadamente no protestantismo, em que se elaboram "teologias bíblicas": teologia do Antigo Testamento, teologia do Novo Testamento, com o objetivo de encontrar uma espécie de coerência. Afirma-se: o centro é a palavra de Deus, ou é o Êxodo, ou a onipotência de Deus etc.

Em busca de uma coerência, reduziu-se o relato de José a uma espécie de prólogo. A ideia de "colocar ordem" nesse conjunto de narrativas e perspectivas diferentes é mais cristã do que judaica. Trata-se da vontade de oferecer uma grade de interpretação, baseada em critérios exteriores, que pretende dar coerência ao todo.

Por ocasião de sua morte, José adquire uma dimensão um pouco profética ao anunciar a sorte do Egito. Essa passagem foi acrescentada com o objetivo de criar uma transição entre a história de José e a do Êxodo. José pede que levem seus restos mortais quando saírem do Egito. Em Êxodo 13, uma nota especifica que os filhos de Israel os levaram. Se parássemos no final do Pentateuco, não saberíamos o que houve com os restos mortais de José. Mas o Livro de Josué, em sua conclusão, no capítulo 24, especifica que eles foram enterrados em Siquém, na porção de terra que Jacó havia comprado. Esse texto é a conclusão do Hexateuco, de um conjunto de seis livros; ou seja, o conjunto dos textos constituídos pelo Pentateuco e o Livro de Josué. Mas, sendo assim, surge uma questão: a Torá é um Pentateuco ou um Hexateuco? A história de José mostra que alguns queriam uma Torá, documento fundador, que incluísse o Livro de Josué. Essa aposta importante nos leva de volta à questão da terra. Com um Hexateuco, as promessas da terra são realizadas, já que expulsam as nações e a posse da terra é efetivada. Isso quer dizer que o conjunto dos textos que constituem o Hexateuco está centrado na ideia de posse da terra. No Êxodo encontram-se alguns versículos que evocam os povos a serem expulsos. Nesse livro, a terra é prometida, como ideia subjacente, já que é necessário livrar-se dos autóctones. Na história de Abraão, no entanto, isso não é necessário; os habitantes estão lá, e é preciso entender-se com eles. Com a visão de Hexateuco, a lógica narrativa implica entrar na terra, ao passo que no final do Pentateuco Moisés "contempla" a terra sem nela entrar. A promessa não é anulada ("É a terra a respeito da qual eu prestei juramento a Abraão, Isaac e Jacó: à tua descendência eu a darei"), mas ninguém sabe quando nem como essa promessa se realizará. Em seguida Moisés morre e é enterrado por YHWH, e contrariamente a José, ignora-se o local: "E até hoje, ninguém sabe onde se encontra a sua tumba" (Dt 34,6). O Pentateuco pode facilmente ser aceito pela diáspora. Não carece entrar na terra, já que o próprio Moisés nem entrou. O judaísmo, de fato, nasceu como uma religião de diáspora. É a grande diferença com relação ao cristianismo e ao islã, que muito rapidamente vão tornar-se religiões imperiais; estando a serviço da legitimação dos impérios (romano, cristão e as conquistas muçulmanas). O judaísmo teve outra história. Obviamente, houve a história dos macabeus, mas como um aparte, e de fato eles mesmos já estavam sendo controlados pelos romanos. Hoje, e desde 1948, sabemos que a questão da terra é dolorosa e complexa. Na Torá, a terra está lá, subjacente, prometida, mas seria necessário entrar nela? Urgiria, necessariamente, conquistá-la? Ela seria uma espécie de dom escatológico, como o Messias no cristianismo. Essa componente escatológica dá à noção de terra uma função muito diferente da ideia de conquista e de possessão. No Hexateuco aparece a noção de que a posse da terra é necessária para ser o povo de YHWH, mas essa não é a concepção do Pentateuco. Para o Pentateuco, é a Torá, que Moisés, o maior de todos os profetas, transmitiu, que é a constituinte do povo de Israel.

6
O Êxodo, uma epopeia paradoxal

Moisés adquire uma dimensão particular na Torá. Ele é revestido de uma espécie de espessura biográfica e épica que não se encontrava, por exemplo, em Abraão. Nessa lógica, poderíamos ler o Pentateuco como uma espécie de *biografia* de Moisés. Ele nasce no início do Livro do Êxodo e morre no capítulo conclusivo do Deuteronômio, último livro do Pentateuco. À exceção de Gênesis, todos os livros da Torá são colocados sob o signo de Moisés, que assim estrutura esse conjunto narrativo. Aceitando dos textos as indicações cronológicas, podemos determinar que essa história dura 120 anos, já que Moisés, segundo Deuteronômio 34, morre com essa idade. Seus primeiros 40 anos são misteriosos; nada sabemos sobre os inícios de Moisés, da mesma forma que sobre Jesus. O texto parece ser construído sobre três gerações: Moisés no

Egito; Moisés adulto, com a primeira geração do Êxodo; e em seguida Moisés com a segunda geração, os descendentes daqueles e daquelas que deixaram o Egito. É importante lembrar que, para a Bíblia, uma geração dura 40 anos. De igual modo, após 40 anos no deserto que a primeira geração morrerá. Moisés o Hebreu – "da casa de Levi" (Ex 2,1) – nasce de uma mulher hebraica, mas é adotado por uma princesa egípcia. Mesmo que nada seja dito dessa infância, Moisés obviamente adquire uma dupla cultura, uma dupla origem. O texto bíblico retoma a história de Moisés, após uma longa elipse, nestes termos: "Moisés havia crescido. Ele saiu ao encontro de seus irmãos e presenciou seus trabalhos forçados" (Ex 2,11).

Voltemos ao nascimento. O texto do Gênesis termina no Egito, onde vivem os hebreus, José e sua família: "José permaneceu morando no Egito junto com a família de seu pai e viveu cento e dez anos" (Gn 50,22). E o Êxodo retoma a história a partir do Egito, com uma espécie de recordação genealógica: "Os filhos de Israel entraram no Egito com Jacó" (Ex 1,1). A expressão genérica "os filhos de Israel" designa o conjunto de israelitas e, portanto, não se interessa particularmente pelas diferentes tribos, como foi o caso no Gênesis. Fala-se dos hebreus ou dos "filhos de Israel", sem que as tribos tenham alguma função especial. Só vamos reencontrar as tribos no Livro dos Números.

E o Êxodo se abre, pois, assim: "Estes são os nomes dos filhos de Israel que entraram no Egito com Jacó" (Ex 1,1). É uma maneira de lembrar que os patriarcas geraram toda uma descendência tornada "os filhos de Israel", Jacó tendo mudado de nome, passando a chamar-se Israel (Gn 32). As mudanças de situação correspondem igualmente a uma mudança de geração: existe outro Faraó no poder, e que não se lembra mais da história precedente: "Um novo rei se levantou sobre o Egito, que não conheceu José" (Ex 1,8). Afirmação que parece um tanto quanto bizarra, se levarmos em conta o interesse dos egípcios pela historiografia, pelos anais e pelos altos feitos de seus reis... e tanto mais ainda por tratar-se do sucessor do Faraó precedente, justamente aquele que havia instituído José como mordomo, seu vigário, seu chanceler!

Compreende-se por essa observação que o texto da história de José e o da história do Êxodo não foram concebidos originariamente para formar um conjunto. No momento em que se quis fazer um vínculo entre a história de José e a do Êxodo, foi necessário responder à seguinte questão: como passar dessa imagem positiva do Egito com José à imagem do Egito como um país opressor e escravagista? O texto se contenta simplesmente em dizer que há um novo Faraó, cujo nome nem é mencionado, e que nada conhece da história do estabelecimento dos hebreus em sua terra. E que ele está obcecado pelo fato de que os hebreus se multiplicam em demasia: "Ele disse ao seu povo: Eis que o povo dos filhos de Israel se tornou mais numeroso e mais forte do que nós" (Ex 1,9). Hipérbole que, mais uma vez, pode parecer estranha. Como o pequeno povo de hebreus poderia ameaçar o poderio do Império Egípcio? É um discurso inconfundível, até hoje.

Por um lado, os estrangeiros são usados como trabalhadores forçados, e devem construir cidades reais, como Ramsés e Pitom. Por outro, no entanto, são considerados numerosos demais; parece haver uma preocupação de que "não nos sentimos mais em casa", ou que eles "tomem nossas mulheres". Urge encontrar, pois, um meio para contê-los.

Os egípcios, na Antiguidade, sempre tiveram um certo medo dos estrangeiros. Havia guardas de fronteiras que controlavam os acessos do Império. Existem inscrições egípcias, inclusive de relações, recenseando as idas e vindas deste ou daquele grupo, as entradas autorizadas ao território, os autorizados a trazer mercadorias etc. Alguns eram ricos e qualificados, enquanto outros, que nada tinham, eram recusados. Nada de novo sob o sol!

Para os egípcios, um pouco como para os gregos e bárbaros, são eles os "verdadeiros homens". Aliás, eles jamais quiseram ocupar outros territórios. Controlavam o Oriente, mas não queriam, contrariamente aos assírios, integrar essas terras ao Império. Desse ponto de vista, eles não eram expansionistas. O verdadeiro centro do mundo era o Egito, que controlava o *mundo do caos*, mas não queriam integrá-lo. Havia contatos comerciais entre o Egito e o Oriente, e mesmo entre o Egito e a Arábia. Fato que pode ser constatado na história de José, com a passagem dos mercadores madianitas ou ismaelitas. É o reflexo de uma realidade. Há igualmente a presença de egípcios atestada no Oriente. Tratava-se de um controle de guarnição. Também se usava a população para trabalhos forçados (corveia), ou no exército, mas não se pretendia que o Egito incluísse aquelas regiões, que os egípcios identificavam pela denominação asiatas.

Alguns asiatas, já o vimos com a história de José e com a de Moisés, chegavam a ocupar postos importantes no Egito. Eles, de alguma forma, podiam "egipciar-se". Mas trata-se de exceções. A maioria era utilizada como corveia mesmo.

Os hebreus são mantidos, portanto, em tarefas difíceis e se tornam "escravos". Mas não podemos imaginá-los escravizados como os do século XVI ou XVII; trata-se de pessoas sujeitas à corveia, reagrupados talvez em colônias onde gozavam de certa liberdade. É então que entre o rei egípcio e seus conselheiros nasce esta angústia fantasiosa: "Esses estrangeiros se tornam muito poderosos, eles vão guerrear contra nós... Urge, portanto, reduzi-los. Vamos, pois, intensificar os trabalhos escravos, para fazê-los morrer mais rapidamente..." Mas isso não funciona! Daí aquela ideia, que de alguma forma prepara o nascimento de Moisés, de matar todos os recém-nascidos machos: "Quanto mais os afligimos, mais eles se multiplicam" (Ex 1,12). Fato que justifica outra história – a das parteiras: "O rei do Egito disse às parteiras dos hebreus, uma das quais se chamava Sefra e a outra Fua: Quando ajudardes as mulheres hebreias a darem à luz, olhai o sexo da criança. Se for um menino, matai-o! Se for uma menina, deixai-a viver!" (Ex 1,15-16). As parteiras, embora uma certa tradição judaica diga que se tratava de mulheres hebreias, são claramente egípcias. Essa história está mais para um conto de fadas, já que só existem duas mulheres para ocupar-se de todos os nascimentos das mulheres hebreias! Ora, essas parteiras, pela astúcia, se opõem ao Faraó. Essas mulheres, das quais se diz – e é a primeira vez na Bíblia – que são "tementes a Deus" (Ex 1,21), encontram um estratagema para deixar viver os recém-nascidos machos, dizendo que as mulheres hebreias pariam antes que elas chegassem. Nesse relato também podemos ver um jogo de palavras: segundo as parteiras, as mulheres hebreias são *ḥāyōṯ*, que significa "bestas", animais (elas não têm necessidade de ser acompanhadas na hora do parto), mas essa palavra também contém na raiz o sentido de "vida", de força viva, e esses são os viventes que dão vida. Além disso, fazem o Faraó acreditar que a sua estratégia não funciona. São, portanto, as egípcias que "têm fé em Deus". As parteiras, aliás, serão recompensadas por Deus que vai lhes "fazer o bem" e "fazer prosperar suas famílias" (Ex 1,20).

No início do relato, que pode ser lido de maneira nacionalista, segregacionista, um pouco como no início do Livro de Josué, mulheres estrangeiras aos hebreus aparecem e se opõem. Da mesma forma que Raab, no Livro de Josué, se opõe ao rei de Jericó escondendo os espiões hebreus, mentindo não ter visto ninguém, as parteiras salvam os meninos hebreus dizendo ao Faraó que nada podem fazer. No Livro de Josué, trata-se de mulheres oriundas do povo inimigo que intervêm e, finalmente, assumem a causa dos hebreus.

Sabemos, no entanto, que se trata de uma história acrescentada posteriormente, um pouco como a história de Raab, já que as duas histórias interrompem o fio condutor da narrativa, o que dá a impressão de voltarmos ao ponto de partida. O Faraó vai, pois, dizer ao seu povo: "Todo menino recém-nascido hebreu, jogai-o no rio" (Ex 1,22). E o pequeno Moisés é, de fato, "jogado" no Nilo. A própria mãe de Moisés faz o que o Faraó ordena fazer: joga o menino no rio, mas, ironia do relato, o acomoda num caixote feito de papiros para que ele seja encontrado pela filha do Faraó. De novo, uma mulher intervém. Por que relatar essa história? É um gênero literário que se pode classificar como conto. Mais especificamente, um conto "da criança exposta". Essa classificação reagrupa histórias de crianças abandonadas por seus pais, como Rômulo e Remo, o Rei Ciro da Pérsia, ou João e Maria [Hansel e Gretel]. Mas parece que esse relato foi escrito para descrever como Moisés foi abandonado, salvo, e se tornou um "homem de bem". Ora, no Gênesis não existem encenações em torno de nascimentos. O redator se contenta em dizer que fulano de tal nasceu, que as pessoas estão felizes por isso, mas jamais explica as circunstâncias do nascimento. Somente um curto texto diz que Raquel morreu ao dar à luz Benjamin (Gn 35,16-19). Com o nascimento de Moisés, portanto, estamos diante de um relato muito específico. O capítulo 2 do Êxodo já se abre de uma forma meio estranha: "Um homem da casa de Levi casou-se com uma mulher de seu clã. A mulher concebeu e deu à luz um filho" (Ex 2,1). A história dos pais de Moisés não é clara! O pai desaparece da história, e alguns imaginam que aí pode ter havido um estupro. A mãe fica sozinha com o pequeno Moisés. Assim, é possível fazer um paralelo com a história de Ciro, rei da Pérsia, abandonado e em seguida salvo. Mas a melhor harmonização é com a história do rei mesopotâmico Sargão. Uma história escrita em primeira pessoa. O soberano relata seu nascimento dizendo: "Minha mãe era uma sacerdotisa (a mãe de Moisés é uma filha de Levi, tribo sacerdotal), e meu pai, não o conheci (como Moisés)". A sequência é muito similar. Na história de Sargão, não se sabe exatamente a razão pela qual a mãe deve abandoná-lo. Talvez por ser sacerdotisa, e por ter-se deitado com um homem sem ter esse direito. Ela coloca o seu menino numa corbelha (cesto) e o deposita no rio, nesse caso o Eufrates. O rio leva a corbelha e, Aqui, o jardineiro dos deuses, a recolhe com o menino. Ele o leva à deusa Ishtar, que o adota para fazê-lo o rei que reinará sobre todos os povos. É um relato de legitimação do Rei Sargão. Na realidade, existem dois reis chamados Sargão. Um, Sargão I, que teria vivido por volta do terceiro milênio – os assiriólogos pensam que ele existiu de fato, mas talvez se trate de uma figura lendária. E o outro Sargão, muito conhecido como Sargão II, ou Sargão o Grande, que viveu no final do século VIII. Foi ele que pôs fim ao reino do Norte, isto é, Israel, em 722 a.C. Este Sargão tinha uma genealogia pouco clara, e os registros que relatam essa história datam dessa mesma época. Podemos imaginar que Sargão II fez redigir sua história por seus escribas. Ele quis dizer que, não obstante suas origens obscuras, foi legitimado pelos deuses. E essa história é exatamente uma legitimação do reino de Sargão. Como essa história do século VIII era muito conhecida, podemos imaginar que havia uma cópia no Templo ou no Palácio de Jerusalém, e que ela serviu de inspiração para relatar a história de Moisés, que também, por sua vez, é uma história de legitimação, já que não conhecemos realmente suas origens. Mais tarde tentou-se dar a ele uma filiação, mas percebemos que isso se trata de uma construção narrativa.

Essa também pode ter sido uma maneira de rivalizar com a história real de Sargão. Da mesma forma que Fílon de Alexandria faz com os gregos ao dizer que se eles obviamente têm leis, Moisés, muito antes deles, deu a Torá, a Lei. Aqui também podemos supor uma ideia de "competição". É possível afirmar, pois, que a história das origens de Moisés foi inspirada na lenda de Sargão. Seria para atribuir a Moisés uma qualidade real? O texto não o diz claramente; embora sempre afirme que Moisés nunca foi rei, o apresenta no coração da corte egípcia, como José.

O texto bíblico permite igualmente a passagem do grupo dos hebreus para a corte dos egípcios. Contrariamente a José, Moisés não se torna o segundo maior personagem junto ao Faraó; mesmo assim é adotado pela filha do Faraó e goza igualmente de um status importante. A história específica, no entanto, que ele se lembra de seus irmãos diante de suas corveias (Ex 2,11). E então comete um homicídio para vingar um de seus irmãos açoitado pelos egípcios. O episódio confirma claramente sua dupla identidade. Alguns dizem que o Moisés histórico foi um egípcio, mas é difícil provar. Moisés é um termo egípcio, como Ramsés, que significa "aquele que é engendrado por Rá". O narrador do relato de salvamento do pequeno Moisés sabe que seu nome é uma palavra egípcia. Moisés, na Bíblia, é o único menino que fica sem nome ao longo de três meses. O relato diz que após três meses, sua mãe não podia mais escondê-lo dos asseclas do Faraó e que foi por essa razão que ela o lançou no Nilo. Urge aguardar que seja uma princesa egípcia (que fala hebraico, mas essa é outra história!) a dar-lhe um nome, Moisés (Ex 2,10). Por que esperar essa princesa egípcia para nomeá-lo Moisés? Porque se sabe que Moisés é um nome egípcio. Antes, o narrador o denominava *yeled*, o menino, o engendrado, o parido. É o equivalente hebraico da raiz egípcia *m-s-j*, que encontramos em nomes como Ramsés (Rá engendrou), ou Tutmés (Tut engendrou). O narrador sabe, pois, que tem que haver-se com alguém que carrega um nome egípcio. Existe um vínculo, portanto, entre Moisés e o Egito, que esse primeiro capítulo do Êxodo tenta colocar em cena.

Moisés tem essa dupla identidade, essa dupla cultura. O relato primitivo do nascimento foi retrabalhado para insistir na identidade hebraica de Moisés. Subitamente, uma irmã de Moisés aparece, de quem nunca se ouviu falar. Não se sabe de onde ela vem. Tínhamos a impressão de que Moisés era o primeiro filho de sua mãe, mas nesse relato nos é dito que ele tem uma irmã. Sua função, no relato, é justificar o episódio em que ela discute com a filha do Faraó e lhe propõe encontrar uma mulher hebreia para aleitá-lo; evidentemente, esta seria sua mãe (Ex 2,7-9)! Esse acréscimo quer especificar que mesmo que Moisés seja adotado por uma princesa egípcia, quem o amamentou foi sua mãe biológica.

Segue-se então um silêncio de 40 anos, que mais tarde a literatura apócrifa preencheu com histórias como a de Moisés menino que rouba a coroa do Faraó, um pouco como as histórias sobre a infância de Jesus nos textos apócrifos. A Bíblia, no entanto, simplesmente diz: "Naqueles dias, Moisés, já crescido, saiu para junto de seus irmãos..." (Ex 2,11). Quando Moisés sai para ver seus irmãos, os problemas começam. Ele mata um comitre egípcio e foge para as terras de Madiã. Por que Madiã? É um lugar de difícil localização, mas é possível imaginá-lo no sudeste do Neguev, na costa da Península Arábica. Um texto do Livro dos Reis explica que, descendo do Oriente para o Egito, passa-se pelo país de Madiã. Por que Moisés se dirige para lá? Não o sabemos! Ele precisava esconder-se, pois matou o encarregado egípcio que havia maltratado um hebreu e enterrou seu corpo na areia. Ele não imaginava que o crime pudesse ser revelado. Mas a verdade logo veio à tona, por ocasião de uma intervenção de Moisés numa briga entre dois hebreus, quando um deles o interpela: "Quem te instituiu juiz entre nós? Quer matar-me como mataste o egípcio?" (Ex 2,14). Moisés compreende então que o fato se tornara público; por isso, fugiu para Madiã. Lá chegado, ele se torna genro de um sacerdote madianita, cuja "religião" não é especificada. E essa é outra surpresa! Pastor ao serviço de seu sogro (que, aliás, tem vários nomes no texto: Jetro, Ragüel...), Moisés chega até aquela famosa "montanha de Deus", e vê a sarça ardente em que lhe aparece o Deus que se apresentará em seguida sob o nome de YHWH. Onde estaria situada essa "montanha de Deus"? Para além do deserto certamente, mas sem que se saiba exatamente onde. É lá que Moisés recebe a vocação e a própria explicação do nome de YHWH (Ex 3,14). Nessa trajetória de Moisés podemos traçar como referência geográfica uma espécie de triângulo: o Egito, a terra de Israel (Canaã) e, na outra ponta, Madiã. YHWH, no relato, faz-se conhecer em uma montanha que mais tarde será identificada como o Monte Sinai. Mas, se seguirmos a lógica do relato, ela não pode ser o Sinai definido pela cristandade, desde os séculos IV e V de nossa era. Não é o *djebel Moussa* que hoje conhecemos ao sul da Península Sinaítica. É antes uma montanha em qualquer lugar, no caminho para o Egito. Outro ponto interessante: existem alguns textos no Êxodo não muito lógicos, em que a insistência dos hebreus não é a de sair do Egito, mas ter a autorização para fazer uma caminhada de três dias a fim de oferecer sacrifícios ao seu Deus (Ex 3,18). Encontramos nesses textos a ideia de que o Deus YHWH tem uma montanha, que dista três dias de caminhada de onde estão os hebreus, talvez no Delta do Nilo. É lá que aparentemente YHWH se apresenta a Moisés para ordenar-lhe a volta para o Egito a fim de libertar o seu povo, e também lhe informa que o Faraó que queria matá-lo havia morrido e que outro Faraó havia assumido o poder.

O relato da sarça ardente é a única história em toda a Bíblia em que temos uma reflexão teológica sobre o nome de YHWH. Deuses existem em toda a parte. Moisés pergunta, pois, à divindade: "Em nome de quem irei" aos meus irmãos? E logo em seguida ouve-se o famoso: "Eu sou aquele que sou", ou "aquele que serei" (Ex 3,14), afirmação que às vezes foi compreendida como uma espécie de recusa de revelar-se, de nomear-se exatamente. Também já se tentou estabelecer um vínculo entre o verbo "ser" e o nome divino YHWH. Embora isso não corresponda exatamente à etimologia real, em geral buscam-se etimologias que produzam sentido.

Inicialmente Moisés recusa: ele se sente incapaz. Deus diz: "Estarei contigo" (Ex 3,10-12). Esse "estarei" prepara de fato o "serei quem serei". Há, portanto, todo um jogo sobre o nome desse Deus que está com Moisés, e finalmente, que é o Deus que acompanha, que está presente.

Moisés será então reenviado ao Egito, com sua mulher. Vale lembrar que ele tem uma mulher madianita, estrangeira, cujo nome é Séfora. Já que seu pai é sacerdote, e que YHWH aparece a Moisés em terra madianita, poderíamos nos perguntar se esse Deus não seria primeiramente um deus venerado pelos madianitas. Essa hipótese existe. YHWH teria sido, a princípio, um deus madianita, e posteriormente adotado pelas tribos hebraicas.

A viagem de retorno de Moisés ao Egito não foi lá aquelas maravilhas! É mais uma história um tanto quanto bizarra: YHWH o ataca e quer matá-lo (Ex 4,24-26). Essa curtíssima passagem suscitou incontáveis teorias e tentativas de explicação. O texto, em si, não oferece nenhuma. Teria YHWH desejado matar Moisés por ele ter matado alguém, por não ter sido circuncidado, por ter sido mal circuncidado? Eis que de repente ocorre a intervenção de Séfora, sua mulher, que, não obstante as diferentes leituras possíveis, circuncida o filho de Moisés, que os acompanhava na viagem. O texto diz que ela "toca os pés" de Moisés com o prepúcio do filho; segundo um conhecido eufemismo hebraico, tocar os pés significa tocar o sexo de Moisés. E o texto conclui dizendo que YHWH deixou Moisés em paz (Ex 4,26). Eis-nos, pois, diante de um dos textos mais misteriosos da Torá, que remete à circuncisão. Alguns tentaram explicar a fúria de YHWH pelo fato de Moisés não ter sido circuncidado. O relato bíblico, no entanto, não faz nenhuma referência à circuncisão. Vale lembrar que os egípcios praticavam a circuncisão, muito embora não de modo sistemático (era uma prática observada em todas as classes sociais, mas não sistematicamente, e não antes dos dez anos, com a ressalva de que nem todos os faraós eram circuncidados). Segundo o relato, o filho ainda não está circuncidado, ao passo que Moisés parece ter sido. O sangue da circuncisão é posto sobre o sexo de Moisés, mas qual é o significado? Isso lembra uma prática ainda hoje existente em alguns ambientes judaicos. Ela se chama *tipat dam*, "gota de sangue". É uma espécie de circuncisão simbólica. Alguns que se convertem ao judaísmo, mas que já foram circuncidados por razões médicas ou outras, podem recorrer a essa prática.

O Livro de Jeremias especifica que diferentes povos são circuncidados, notadamente os egípcios, os moabitas, os amonitas, os quedaritas (tribos árabes) (Jr 9,25-26). No Oriente, portanto, inúmeros povos praticavam a circuncisão, mas nem todos lhe davam o mesmo significado. É possível supor que, segundo o que sabemos sobre o Egito e de acordo com Heródoto e outras fontes, a circuncisão era um rito de passagem que marcava a entrada na idade adulta. Também podemos nos perguntar se, na origem, não seria esse o caso em Israel e em Judá. Em Gênesis 17, por ocasião da aliança de Deus com Abraão, a circuncisão se transforma em sinal dessa aliança, e justamente aqui ela recebe uma significação teológica. O mais interessante é que agora se trata de recém-nascidos, que devem ser circuncidados no oitavo dia. Todos os meninos do clã, inclusive os escravos, devem, pois, ser circuncidados. Diz-se então que Ismael, o primeiro filho de Abraão, também foi circuncidado, mas aos 13 anos. Não seria então um novo indício dessa mudança? Tradicionalmente, a circuncisão era praticada na puberdade, mas os autores sacerdotais ou outros decidiram agir de maneira diversa, interpretando a circuncisão como uma espécie de batismo, uma entrada na comunidade. Ora, ninguém sabe como Moisés foi circuncidado. Foi nos idos de sua puberdade? Por sacerdotes egípcios? Respostas, não as temos! Se no texto bíblico a princesa afirma que se trata de um filho de hebreus, de onde lhe vem essa certeza? Há rabinos que respondem que essa convicção procede da circuncisão de Moisés. Certeza, contudo, difícil de provar!

Nessa história, no entanto, há, em relação à circuncisão, algo estranho. Séfora parece dar um "título" a Moisés ao afirmar: "És para mim um esposo de sangue" (Ex 4,25). Afirmação que novamente vem reforçar a ideia de uma circuncisão simbólica praticada, com o sangue, sobre Moisés.

É praticamente um relato de legitimação. Busca-se eliminar todas as dúvidas que poderiam pairar sobre Moisés, incertezas quanto à sua origem, quanto à sua circuncisão; mesmo assim essa história continua misteriosa. Antes desse relato, Deus fala a Moisés sobre os primogênitos, e anuncia desde já a história da morte dos primogênitos egípcios e a história da Páscoa, discurso em que o sangue adquire uma função de proteção: "Então dirás ao Faraó: Assim fala YHWH: meu primogênito é Israel. Eu te digo: deixa partir o meu filho para que me sirva. E tu, no entanto, te recusas a deixá-lo partir! Pois vou matar teu filho primogênito" (Ex 4,22-23). Podemos perceber, pois, um vínculo entre o capítulo 12 e essa passagem do capítulo 4. O sangue protege, e protege inclusive de YHWH, já que é o anjo destruidor, ou o próprio YHWH, que vai matar os primogênitos egípcios. Esse relato em Êxodo 4,24-26, que fala da misteriosa circuncisão que salva Moisés da violência de YHWH, pode ser lido como uma preparação da noite da Páscoa.

YHWH convida Moisés a ser seu representante, o libertador dos hebreus, e é o mesmo YHWH que aparece para fazê-lo morrer. Eis um dado difícil de explicar! Mas seguem as negociações. Pouco antes, meio que abruptamente, nos é informado que Moisés tem um irmão, que não é nem suficientemente introduzido nem apresentado: "A cólera de YHWH se inflamou contra Moisés e ele disse: Não existe teu irmão Aarão, o levita? Sei que ele tem facilidade para falar, e está vindo ao teu encontro" (Ex 4,14). Aarão torna-se, de alguma maneira, porta-voz de Moisés. O texto bíblico especifica que Moisés teria dito ter "a boca pesada e a língua também" (Ex 4,10). Mas qual é a significação? Teria dificuldade de falar? Gaguejaria? Não o sabemos! Sem dúvida, trata-se de um pretexto antecipado para não aceitar a missão. Esse procedimento também está presente nos relatos de vocação dos profetas, principalmente na história de Jeremias. Já se ventilou inclusive que a vocação de Moisés teria sido construída sobre o modelo da vocação de Jeremias. Primeiramente Deus diz a Jeremias: "Estarei contigo". Jeremias responde que é muito novo, um adolescente. E Deus insiste: "Eu te escolhi". Encontramos a recusa, a promessa de assistência e depois um sinal. No relato de Jeremias, YHWH lhe toca os lábios. Assim, ele seria capaz de dizer as suas palavras. Para Moisés, o sinal se realiza mais tarde: "Quando tiveres feito o povo sair do Egito, voltarás a essa montanha para me prestar culto e um sacrifício" (Ex 3,12). E depois da saída do Egito, Moisés e o povo retornam para essa montanha. O sinal, portanto, se realiza; no entanto, curiosamente, não uma vez, mas duas. No capítulo 18, os hebreus chegam até "a montanha de Deus", mas no capítulo 19 eles estão no Monte Sinai. Por isso já foi inclusive afirmado tratar-se de duas montanhas diferentes. Os próprios rabinos se mostram perplexos diante dessa história. Muito respeitosos do texto, no entanto, eles haviam postulado que o capítulo 18 estava fora de lugar no Livro do Êxodo; e que seria necessário deslocá-lo e lê-lo no momento da partida do Sinai, ou seja, no capítulo 10 do Livro dos Números. Muitas tradições se misturaram, portanto, em Êxodo 18 e 19. Primeiro a tradição de uma montanha de Deus em terra madianita. No capítulo 18, o povo, após ter saído do Egito, ocupou essa terra, e novamente o sogro sacerdote madianita de Moisés aparece e o acolhe favoravelmente (Ex 18,1-12). Esse retorno para junto do sogro é muito intrigante. Jetro, o sacerdote, faz então uma espécie de confissão de fé em YHWH, comparável à de Raab. Ele inclusive oferece o primeiro sacrifício, antes mesmo que todas as leis sobre os sacrifícios fossem sancionadas: "Jetro, sogro de Moisés, oferece um holocausto e sacrifícios a Deus, e Aarão vem com todos os anciãos de Israel para comer o pão com o sogro de Moisés diante da face de Deus" (Ex 18,12). Um sacerdote madianita oferece, assim, o primeiro sacrifício a YHWH por ter feito os hebreus saírem do Egito. Eis a razão pela qual alguns chegaram a afirmar que haveria talvez aqui a lembrança de YHWH como divindade madianita e que teria sido "adotada" em seguida em Israel.

Êxodo 3, em que Moisés recebe sua missão, e Êxodo 18, em que o povo volta a essa montanha, formam assim um quadro. De certa forma o círculo se fechou. É uma primeira etapa narrativa na gesta de Moisés e do povo. Uma nova etapa é alcançada com o Sinai, com a ideia da aliança entre YHWH e os hebreus, da qual Moisés será o mediador. Os hebreus se tornam então o povo de YHWH. O que não eram antes. YHWH escolheu para si um povo, e essa escolha implica o ritual da aliança.

Existem, portanto, duas etapas: de Êxodo 3 a Êxodo 18, primeira etapa; de Êxodo 19 em diante, a grande história do Sinai. A tradição da saída do Egito não está necessariamente ligada à conquista da terra. É perfeitamente possível narrar a saída do Egito como uma libertação sem que haja necessariamente vontade de conquista de uma nova terra. Nessa perspectiva, a história da saída do Egito se conclui no capítulo 14, com a travessia do mar e a fuga vitoriosa do Egito, com o fracasso do Faraó e de seus exércitos. O capítulo 15 representa então uma conclusão sálmica, hínica, talvez acrescentada para significar que a história acabou, e fazer dessa saga uma espécie de resumo poético e litúrgico. Para alguns, a tradição do Êxodo é, portanto, independente, e pode ser lida enquanto tal.

Entretanto, se não se trata de uma conquista de um território, o relato da saída do Egito suporia um novo destino. Essa é outra questão de difícil resposta! O salmo do capítulo 15 já fala de um lugar onde se reúnem e do Templo. A saída do Egito é celebrada como a tomada de posse de um lugar. Mas talvez de uma forma diferente daquela que será relatada em Josué. Sem dúvida, a história do Êxodo é suficiente em si mesma, embora sua conclusão permaneça estranha. O relato da travessia do mar, da morte do Faraó e de seus exércitos, não estaria simplesmente reproduzindo uma migração e uma libertação bem-sucedidas? Não se deveria imaginar que o povo estaria ganhando então outra terra? Sem que necessariamente fosse essencial relatar toda a história do deserto, como o provam os pequenos resumos narrativos encontrados, por exemplo, em Deuteronômio 26: "Meu pai era um arameu errante que desceu ao Egito. Lá ele viveu como imigrante com seu pequeno clã. Lá ele se tornou uma grande nação, forte e numerosa. Mas os egípcios nos maltrataram, nos reduziram à pobreza, nos impuseram dura escravidão. Então clamamos a YHWH, o Deus de nossos pais. Ele ouviu o nosso clamor, viu que estávamos na miséria, no sofrimento, na opressão. YHWH nos fez sair do Egito com mão forte e braço estendido, por ações terrificantes, sinais e prodígios. Ele nos conduziu para este lugar e nos deu esta terra, uma terra onde mana leite e mel" (Dt 26,5-9). Ora, nesse resumo, não se fala em conquista de uma terra! Vemos aqui, no entanto, como em alguns textos proféticos, YHWH guiando o seu povo após a saída. No momento da vocação de Moisés em Êxodo 3, YHWH lhe diz: "É por isso que eu desci para libertar o povo da mão dos egípcios e para fazê-lo subir deste país para uma terra boa e vasta, uma terra onde mana leite e mel" (Ex 3,8). Já podemos antecipar que esse versículo não pertence ao relato primitivo, que não é o relato original. Da forma como o lemos agora, o capítulo 3 do Livro do Êxodo subentende que talvez não seja a saída do Egito que constitui um fim, mas exatamente a entrada numa terra "onde mana leite e mel". É possível imaginar que essa entrada tenha sido contada diferentemente. Talvez sem a ideia de conquista.

Mas olhemos mais detalhadamente o que YHWH anuncia a Moisés na "sarça ardente": "Eu vi a opressão de meu povo no Egito [...], eu conheço seus sofrimentos. É por isso que desci para libertá-lo da mão dos egípcios e fazê-lo subir desta terra para uma terra boa e vasta, uma terra que mana leite e mel, para o lugar do canaanita, do hitita, do amorita, do ferezeu, do heveu, do jebuseu" (Ex 3,7-8). A enumeração desses povos, que não sabemos muito bem como identificar, pode estar preparando o Livro de Josué, escrito em que encontraremos os mesmos povos. Muitos afirmam que essa passagem não faz parte da tradição mais antiga da saída do Egito. Poderíamos inclusive imaginá-la pertencendo a uma tradição narrativa que não culminaria numa saída definitiva do Egito. O grande relato da negociação e da competição entre Moisés e Aarão, de um lado, e o Faraó, de outro, abre espaço para duas hipóteses: uma saída definitiva, ou uma simples excursão para um lugar particular para a realização de uma peregrinação por um Deus irascível e ciumento. Moisés e Aarão negociam com o Faraó a fim de que ele permita que o povo parta. É então que sobrevêm as diferentes pragas. No início, os mágicos egípcios podem rivalizar com YHWH. Essa competição se dá também ao redor das divindades representadas pelo Faraó e pelo Deus YHWH, que o Faraó não conhece nem reconhece. Essa ideia é a trama principal.

YHWH quer fazer o povo hebreu sair do Egito de maneira definitiva. Mas, no quadro das negociações, três ou quatro vezes, Moisés e Aarão pedem simplesmente ao Faraó que dê aos hebreus uma espécie de feriado por razões religiosas, para fazer uma peregrinação ao seu Deus, aliás, um Deus muito perigoso. Se não lhe oferecermos sacrifícios, Ele pode açoitar pela fome e pela espada! Mas também isto é recusado pelo Faraó. Alguns interpretam esse pedido como uma artimanha de Moisés e de Aarão para que o Faraó os deixe partir. Se fosse questão de artimanha, porém, eles deveriam ater-se a esse pedido e não simultaneamente pedir uma partida definitiva. Isso porque em outras passagens eles formulam seu pedido de forma direta e franca, sem rodeios. Podemos assim imaginar que coexistem no texto bíblico duas tradições diferentes. A tradição de um êxodo definitivo, e uma tradição ligada a esse encontro, que também está presente em Êxodo 3, que testemunharia um vínculo com um Deus, YHWH, reinando numa montanha distante três dias de caminhada do Egito, e que se teria tornado o Deus dos hebreus. Eles finalmente conseguiriam, em Êxodo 18, oferecer-lhe o sacrifício exigido, mas depois da travessia do mar, e sem precisar voltar para o Egito. A tradição da saída definitiva é justamente a que domina o Livro do Êxodo. YHWH realiza essa façanha. Mas no livro é possível discernir duas tradições diferentes, e misturadas, na história do Êxodo.

Outros elementos são inquietantes: um deles é a famosa "montanha de Deus", que talvez não seja o Sinai, onde pretendem ir para oferecer sacrifícios. Sacrifícios nela acontecerão, mas curiosamente feitos por Jetro, o sacerdote madianita, que é aparentemente o intermediário entre essa divindade e o povo com quem Moisés chega a essa montanha. O Sinai se torna mais tarde a montanha da aliança, do dom da Lei. Mas, em Êxodo 18, ainda não existe aliança nem dom da Lei. Essa passagem pode ser lida, de certa maneira, como a realização de Êxodo 3. Duas tradições foram postas juntas, fato frequente na Bíblia.

Outro elemento intrigante é a história das pragas. Por um lado, o Faraó é o responsável pelo que lhe acontece: por sua recusa e sua obstinação, as pragas vão se tornando cada vez mais avassaladoras. Mas, por outro, os textos pertencentes à tradição sacerdotal nos quais, de certa forma, tudo se decide antecipadamente, oferecem outra explicação: é o próprio YHWH que endurece o coração do Faraó! Este último torna-se então uma espécie de marionete que permite a YHWH mostrar o seu poder.

No final das pragas encontramos o motivo da decretação da morte dos primogênitos. Esse episódio completa o quadro do episódio das parteiras e do Faraó, na abertura do Livro do Êxodo. Ora, está fora de questão, nesse momento dramático do texto, endurecer o coração do Faraó para que mate os primogênitos. O Faraó se obstina, as sanções se tornam mais pesadas, até chegar à assustadora noite que vê morrer as crianças egípcias, entre as quais o próprio filho do Faraó; não poupando nem mesmo os primogênitos dos animais!

Inclusive o próprio povo hebreu deve se proteger, como na história do ataque de YHWH a Moisés, do qual ele se livra graças ao sangue. Aqui é possível estabelecer um vínculo entre esse sangue e o do cordeiro pascal. Se no início da história é o Faraó que quer eliminar os primogênitos dos hebreus, no fim são os primogênitos egípcios que são eliminados.

Mas existe outra questão teológica interessante, e difícil: como, no mesmo relato, é possível dizer, ainda que haja aqui duas tradições diferentes, que o Faraó se obstina e é punido por sua obstinação, e afirmar igualmente que o Faraó não se obstina por sua própria vontade, mas pela vontade de YHWH? Essa é exatamente a questão que corresponde ao que podemos chamar de livre-arbítrio. Não se sabe até que ponto o Faraó é livre em seu "agir". Filósofos e teólogos discutiram por muito tempo a questão da autonomia humana. Diante da onipotência divina, que liberdade teria o ser humano? A ideia da predestinação estipula que, de fato, de certa maneira, Deus já decidiu tudo antecipadamente. Mas a teoria da predestinação não pode dizer tudo, já que se exige das pessoas a responsabilidade por seus atos. É necessário, portanto, insistir nas responsabilidades dos humanos, mas também no fato de que as pessoas nem sempre são donas de seu próprio destino. É o que parece dar a entender esse relato do Êxodo.

O povo atravessa, pois, o Mar dos Juncos, e o Faraó e seu exército são afogados. E antes mesmo que o povo hebreu alcance a montanha de Deus, tem início o tema das "murmurações" (o povo "libertado" se pergunta: melhor seria termos ficado no Egito antes que morrer pelas mãos dos egípcios ou no deserto). Desde o relato da travessia, os hebreus tornam públicas as suas recriminações. Que ideia sair do Egito! Esse tema da saudade do Egito, aliás, vai estruturar o Livro dos Números. Quando Moisés envia exploradores para desvendar a situação do país, eles descrevem a abundância da terra, mas testemunham igualmente as grandes dificuldades, a presença de gigantes que potencializam a extrema fraqueza do povo. E à questão frequentemente posta a Moisés (e a Aarão), "por que nos fizeste sair do Egito", não há realmente nenhuma resposta. Em Números 13–14, depois dessa história dos exploradores, o povo decide inclusive voltar para o Egito! Daí a grande cólera de YHWH, que quer inclusive acabar com esse povo. Já na história do bezerro de ouro YHWH havia manifestado seu furor, a ponto de anunciar a Moisés que preferiria acabar com esse povo e formar um novo povo para si; como se estivesse colocando Moisés num papel de ancestral, de genitor. Mas Moisés desfaz a cólera divina lembrando a YHWH que se trata de seu povo. Não obstante, haverá punição, já que os levitas, em Êxodo 32, massacrarão muitas pessoas. A sanção em Números 14 é que a primeira geração saída do Egito deve morrer no deserto. Apesar dessas duas punições, está claro que é graças a Moisés que YHWH não destruiu definitivamente o seu povo.

Na história do bezerro de ouro, Moisés e os levitas promovem um terrível massacre entre o povo. Todas as rebeliões do povo, relatadas sobretudo no Livro dos Números, terminam igualmente em mortes entre o povo. Mas permanece a ideia de que, não obstante as atrocidades, Moisés se afirma sempre mais como o intermediário, o intercessor.

Ele é igualmente mediador no sentido de que todas as leis passam por ele. O que é normalmente uma prerrogativa real. Na Estela de Hamurabi, o grande soberano babilônio é um exemplo mostrando que, no Oriente Médio antigo, são os reis que recebem a lei. Na história da revelação do Sinai, o povo hebreu reconheceu por sua vez que não é necessário que YHWH lhe fale diretamente, já que é um Deus muito perigoso. Cabe a Moisés ser o mediador. De fato, Moisés já havia sido apresentado com elementos da ideologia real, com seu nascimento – que se assemelha ao do grande Rei Sargão –, e seu estatuto de pastor após sua fuga – o termo "pastor" é um título real. Moisés substitui assim o rei, já que é ele que se torna o mediador das leis. Na Bíblia, no Livro dos Reis notadamente, nenhum rei recebe uma nova lei da parte de YHWH. Todos são julgados segundo a observância ou não da Lei de YHWH transmitida por Moisés.

Na história da estada no Sinai, Moisés sobe em direção a YHWH para receber dele a Lei. Durante sua estada no alto da montanha, o povo perde a paciência e pede a Aarão que lhe fabrique um deus visível, em forma de touro (é o episódio do bezerro de ouro). Quando Moisés desce do Monte Sinai, com as tábuas, imediatamente compreende que seu povo rompeu a aliança apenas concluída, e quebra as tábuas. Uma nova aliança é então selada entre Deus e seu povo. Essa nova aliança parece ser uma reflexão sobre o fato de que a Lei deve ser reescrita, que não há lei absoluta; que na Bíblia existem leis. Na Bíblia temos uma lei no Livro do Êxodo, outra lei no Deuteronômio, e outra lei ainda no Levítico, relativa aos sacerdotes. A coleção das leis que denominamos "Código da Aliança", em Êxodo 20-23, é muito provavelmente a coleção mais antiga; o Código do Deuteronômio (cap. 12-26) era primeiramente concebido como uma atualização do Código da Aliança. A necessidade de atualizar e de reescrever a Lei é uma reflexão sobre o fato de que a Lei é obviamente divina, mas que há necessidade de adaptá-la, de interpretá-la. A Lei oferece as grandes linhas, mas deve ser interpretada, reescrita. Assim, no capítulo 36 do Livro de Jeremias, o profeta ordena a um escriba que escreva as palavras de YHWH sobre um rolo. O terrível Rei Joaquim queima esse rolo. Então Jeremias, sob ordem divina, escreve um segundo rolo, e a ele são acrescentadas outras palavras. É uma maneira de afirmar que se deve reescrever as palavras divinas por diversas razões, mas ao reescrever, também se modifica. A Lei é destruída; no entanto não se vive sem lei. Moisés recebe a Lei no deserto, no Sinai. Ele e seu povo se encontravam, então, diante de uma espécie de *no man's land* (terra de ninguém). Não havia ainda política, tampouco estrutura e país. Não seria uma maneira de dizer que a Lei de Moisés dispensa a realeza? Ou que é possível viver sem um rei estrangeiro? Ou que nem é necessário um país, uma terra, já que a Lei é dada antes de entrar nela? De fato, a Lei é certamente importante, mas ela parece aqui desacoplada da política. Nas religiões do Oriente Médio antigo, existe tradicionalmente uma legitimação por parte do rei, por parte da dinastia, por parte do país. E quando as guerras terminam em derrotas, elas correspondem a uma crise religiosa. Pensava-se então que a divindade havia abandonado seu povo, ou que ela tivesse sido derrotada pelos deuses dos vencedores.

Na Torá, essa função real de legitimação desapareceu. A Lei é dada, mas não por uma realeza qualquer, nem é associada a uma terra. Seu mediador é Moisés, embora ele carregue simultaneamente traços de uma figura real e de uma figura de diáspora. Essa Lei, se foi recebida, pode ser copiada, vigorar no Egito, na Babilônia, não importa onde. E tanto faz que seja um rei persa que governe. Não seria ela a essência do judaísmo? O judaísmo, contrariamente ao cristianismo e ao islã, nunca foi uma religião legitimada pelo poder político, por um império ou por um Estado. Urge esperar até 1948, com a criação do Estado de Israel, muito embora oficialmente o judaísmo nunca tenha sido uma religião de Estado. Ao longo do tempo, portanto, percebe-se uma grande diferença com o cristianismo e com o islã, em que, no primeiro caso, em dois ou três séculos a religião passou a ser carregada pelo império, pelo poder político. Trata-se de uma grande diferença. O judaísmo nunca se impôs como religião de um Estado. O Pentateuco constrói, portanto, uma identidade que não depende da posse da terra, do país. Com Josué, as coisas mudam, já que lá se conquista um país. Com o Pentateuco, porém, da forma como o temos hoje, Moisés pode contemplar o país, e as promessas aos patriarcas são lembradas: "É o país do qual eu disse a Abraão, Isaac e Jacó: eu o darei à tua descendência". Moisés o contempla e morre. Não morre dentro dele. Morre nas planícies de Moab. Diz-se que jamais outro profeta suplantaria Moisés, com esse contato privilegiado que ele tem com YHWH, falando-lhe face a face. Outros profetas, outros reis, outras figuras importantes existirão, mas ninguém como Moisés. Isto quer dizer, pois, que, de certa maneira, tudo está dito com Moisés. Na história posterior, a maior preocupação é mostrar que tal rei age em função da Lei de Moisés, que outro não. E a história da realeza vai ser lida à luz dessa Lei. Mas não é como a realeza assíria ou babilônica, das quais os anais narram as grandes façanhas. Se tomarmos a estrutura bíblica de hoje, a gesta real é secundária em relação a Moisés. Tudo é dado na Torá. E isto também, de certa forma, se reflete na maneira com que o judaísmo concebe o que se denomina Bíblia, a *Tanakh*, acrônimo de Torá, *Nevi'im*, *Ketouvim*. Não é absolutamente a leitura cristã em que tudo é visto em seu conjunto. A leitura cristã da Bíblia é uma espécie de grande narrativa, uma grande história em que Deus começa com a criação e continua até Jesus Cristo. Não há diferença entre a Torá e os Profetas, que fazem parte de uma mesma história de salvação. O judaísmo não tem essa leitura. Para ele, existe, em primeiro lugar, a Torá; e os *Nevi'im* e os *Ketouvim* têm um certo interesse em relação à Torá, mas é a Torá que é lida inteiramente na sinagoga; os outros textos estão aí para acompanhar a Torá, ou para serem lidos fora de festas específicas. No judaísmo não existe a ideia de um *corpus* como no cristianismo, que o denomina "Antigo Testamento". No judaísmo, a Torá é realmente o coração. E essa é a razão pela qual às vezes utilizamos o termo "Torá" para dizer que estamos nos referindo à Bíblia judaica em seu conjunto, o que não é totalmente correto, muito embora sirva para mostrar que a Torá é a quintessência; e a Torá, em última análise, é Moisés.

Em Deuteronômio 34, Moisés morre aos 120 anos, o único no Pentateuco a morrer com essa idade. No Livro do Gênesis, antes do dilúvio, uma história bizarra, difícil de compreender, relata que os filhos dos deuses se deitam com as filhas dos homens, e Deus decide então limitar a idade humana a 120 anos (Gn 6,1-3). Antes, os patriarcas tinham vida longuíssima, como os heróis mesopotâmicos, como Gilgamesh e os reis que viveram antes do dilúvio. No Pentateuco, por outro lado, 120 anos permitem estruturar uma história em três gerações, mas igualmente incluir o Livro do Gênesis na história de Moisés, que aparece assim como "o homem original" a quem Deus concede a extensão máxima da vida. Esse vínculo entre Gênesis 6,1-3 e Deuteronômio 34 reforça igualmente a coesão da Torá.

7
A terra, do dom à conquista

Já nos referimos à relação com a terra, com a promessa feita a Abraão e à sua parentela. Promessa muito abrangente, que inclui uma larga descendência "árabe", muito embora, a partir de Jacó (Israel), ela comece a afunilar-se. Seja como for, um dado é inquestionável: a terra, na história dos patriarcas, é *dada*. Entretanto, nos textos bíblicos, sobretudo a partir do Livro do Êxodo, progressivamente vai se percebendo que de dom ela passa a ser uma questão de conquista. E, no Livro de Josué, que abre os livros dos Profetas, nos é dito que essa terra não é apenas conquistada, mas violentamente conquistada. O que dizer dessa paradoxal relação entre dom-conquista? Muito embora frequentemente se fale em "terra prometida", vale lembrar que essa expressão não consta nesse relato bíblico. Aqui simplesmente se diz: "Deus disse", ou "Deus fez um juramento". Ou seja, Deus faz uma espécie de contrato, uma aliança com Abraão e o povo. Com os patriarcas, a terra é dada tanto a Abraão quanto à sua "semente", ou seja, à sua descendência. Às vezes Deus diz a Abraão: "À tua semente dou o país", não obstante essa semente jamais seja especificada. A semente é tudo o que promana de Abraão. Portanto, vai muito além de um único povo; Ismael e Isaac sim, mas também os filhos de Cetura, a nova mulher de Abraão após a morte de Sara (Gn 25,1-6). Cetura é descrita como "concubina de Abraão" no Primeiro Livro das Crônicas (1Cr 1,32), ao passo que em Gênesis ela é sua "mulher". E é necessário contar todos os descendentes desses filhos que Cetura engendrou para Abraão. Isso faz com que muita gente tenha direito a essa terra. E, nos relatos bíblicos, muitas são as histórias dessa gente instalada com suas tribos ou clãs sobre essa terra, e em diferentes lugares. Mas sem jamais indicar que esse dom ou esse anúncio de um dom seja condicionado à expulsão de quem quer que seja.

No Livro do Êxodo, quando se observa o que Deus disse a Moisés no episódio da sarça ardente, percebemos que Ele não diz realmente "Eu te dou este país", mas antes: "Desci para libertá-los das mãos dos egípcios e fazê-los sair desse país para uma terra onde manam leite e mel, onde habitam os cananeus, os hititas, os amorreus, os ferezeus, os heveus e os jebuseus" (Ex 3,8). Compreende-se que estamos aqui diante de um problema, visto que essa terra, se ainda não está de fato "superpovoada", já está relativamente povoada. Situação que, assim descrita, lembra mais uma lógica de colonização ou de conquista, ao passo que, na história dos patriarcas, a terra é dada para nela habitar, mas não de maneira exclusiva. Aqui não se encontra a ideia de expulsar os outros. É com o relato de Moisés que tudo muda radicalmente.

Existem, pois, duas relações muito diferentes com a terra: uma terra como espaço de vida, como lugar onde instalar-se entre os outros "já lá", e, em Êxodo até Josué, uma terra que se tornará um bem exclusivo, que fará de Israel o povo eleito e segregado. O que é muito diferente do que se lê em Gênesis. Mas desde o Deuteronômio, já se tenta fazer um vínculo entre essas duas tradições, visto que se insiste com frequência no juramento prestado, expressão ainda rara no Gênesis: "Jurei, prestei juramento". "É o país, diz YHWH, que, prestando juramento, dei aos teus pais, a Abraão, Isaac e Jacó." Expressão que precisa, pois, ser desenvolvida, explicada: quando tiveres atravessado o Jordão, quando chegares ao país, então ou YHWH expulsará diante de ti os outros povos, ou tu os expulsarás. Existe, pois, a partir do Êxodo, a ideia de que o dom da terra significa sua conquista. Implicação que não existia no Gênesis.

Temos, portanto, duas mitologias relativas à terra: uma de origem mais genealógica, com os patriarcas, outra mais colonizadora, com Moisés, e continuada por Josué. A tarefa bíblica, como sempre, é a de fazer um vínculo entre essas diferentes mitologias. Explica-se, portanto, que o país que deve ser conquistado é o país que YHWH tinha anunciado a Abraão, Isaac e Jacó. Fabrica-se de certa maneira uma espécie de história ou promessa, que começa com Abraão e subsequentemente se realiza com Josué. Originalmente, existe uma tradição de conquista que pode começar com o Êxodo, com a saída do Egito e com um povo que se apropria da terra que lhe foi dada por juramento. Podemos imaginar aqui alguma semelhança com os mitos de colonização gregos: um povo abandona uma região para colonizar outra. Com o Êxodo, estamos diante dessa lógica. É necessário sair do Egito, encontrar outro país. Mas esse não era ainda o caso de Abraão, que vinha de Ur, que emigrou para um país, para uma terra, sem que sua chegada se traduzisse em combates ou expulsões. Existem, pois, duas visões diferentes da relação com a terra quando, por um lado, se olha para o Livro do Gênesis e, por outro, para a epopeia do Êxodo até Josué.

Quanto ao personagem Josué, ele é bastante misterioso. Sua primeira menção na Bíblia se encontra no capítulo 17 do Êxodo, quando ele lidera o combate contra os amalecitas. De um ponto de vista narratológico, ele não é absolutamente introduzido. Parece supor-se que é conhecido. Ele até parece ser destinatário de um livro, quando se diz, pela primeira vez, que Moisés deve colocar por escrito as palavras de Deus: "Então YHWH disse a Moisés: escreve isto no livro, qual memorial, e faze-o chegar aos ouvidos de Josué: eu apagarei a memória de Amalec debaixo do céu!" (Ex 17,14). Josué mantém uma relação particular com a Torá. Quando reaparece Josué em seu livro epônimo, desde o primeiro capítulo, após a morte de Moisés, YHWH lhe fala nestes termos: "Tu agirás segundo tudo aquilo que está escrito na Torá de

Moisés" (Js 1,7). Josué, de alguma maneira, é a garantia da transmissão do Livro e de seu ensinamento. Ele encarna a primeira geração de leitores, de destinatários do Livro, sem que haja aí nenhuma relação de parentesco entre Moisés e Josué. Os filhos de Moisés desaparecem, e não se sabe muito bem o que é feito deles, e é Josué que vem ocupar o seu lugar. Ele é originário da região de Efraim, no Norte. Não temos outras tradições sólidas que possam nos informar a seu respeito. Alguns chegaram a pensar que Josué seria uma figura totalmente inventada para representar um herói capaz de realizar a conquista. Para algumas tradições narrativas extrabíblicas, quem realmente conquistou a terra teria sido Moisés. Autores da época helenística como Hecateu de Abdera, um historiador grego dos séculos IV e III, ou Artapan de Alexandria, historiador judeu do século I a.C., relatam tradições sobre Moisés segundo as quais ele teria sido um guerreiro temível, que liderava guerras em favor do Faraó. Existiriam outras fontes que não teriam sido consideradas na grande epopeia da Torá? Ora, nesses textos, é Moisés que conquista o país. Baseando-nos no relato do Livro dos Números, capítulo 12, no qual Moisés assume por segunda esposa uma mulher kushita, originária, pois, de uma região que corresponde ao Sudão atual, é possível fazer um vínculo entre os relatos extrabíblicos em que Moisés guerreia na Etiópia e se casa com uma princesa etíope. Aparentemente existiam tradições diferentes, que não se quis integrar no cânon bíblico por alguma razão. Talvez não se quisesse que Moisés, como figura da diáspora, aparecesse com traços de um chefe guerreiro que se apropria do país. Talvez se tratasse de uma tradição concorrente, que se preferiu censurar, depositando a conquista na conta de Josué. Alguns dizem, mesmo que os nomes hebreus sejam diferentes, que aí pode haver um vínculo entre Josué e Josias, soberano do Reino de Judá, que enfrentará os egípcios e tentará expandir o seu reino. Se considerarmos os relatos da tomada de posse da terra no Livro de Josué, rapidamente nos daremos conta de que os relatos de conquista propriamente ditos se prolongam em listas que vão da extremidade baixa, no Sul, ao mais extremo Norte. No entanto, o coração da batalha de conquista dos capítulos 4 ao 9 do Livro de Josué se decide em Jericó, Hai e Gabaon, que corresponde ao território de Benjamin, um território tampão entre o Norte e o Sul. Não é impossível que, após o desaparecimento do Reino de Israel, Benjamin não estivesse mais realmente sob o controle, já que os assírios estavam em declínio. Inclusive especulou-se sobre a seguinte hipótese: será que a história da conquista de Josué não seria uma espécie de legitimação da anexação do território de Benjamim, desejada pelo Rei Josias? Este aparentemente conseguiu fazer essa anexação, já que no texto do VI século antes da Era Cristã, Benjamin aparece vinculado a Jerusalém e Judá. No Livro de Jeremias, o profeta se dirige às pessoas de Jerusalém, de Judá e de Benjamin. E por ocasião da destruição de Jerusalém, os babilônios instalam seu governo provisório em Mizpa, próxima de Jerusalém, no território de Benjamin. Isso pode significar que essa região de Benjamin era considerada parte integrante do Reino do Sul.

Foi inclusive dito que se tratava de tradições muito antigas do estabelecimento na terra dos benjaminitas, muito embora não tenhamos vestígios. O que gera outro problema: que vínculo existe entre Benjamin e Josué, já que Josué não é benjaminita e vem de Efraim, do Norte? Seria uma maneira de dizer que o Norte e o Sul fazem parte da mesma história? Algo mais ou menos assim: "Nós, os judeus, somos com Josias os sucessores do Norte, portanto vamos relatar a vocês do Sul uma história para lhes agradar, história em que o grande chefe do estabelecimento na terra é um homem do Norte". Mas além desses pequenos indícios, pouco sabemos sobre Josué.

A tradição fez de Josué um profeta, já que seu livro homônimo encabeça a coleção dos "Profetas" (*Nevi'im*), e há muitos vínculos entre o Deuteronômio e Josué, no sentido de que alguns enunciados presentes no Deuteronômio se realizam em Josué. Assim, por exemplo, o Deuteronômio anuncia a travessia do Jordão, mas seu relato completo se encontra nos capítulos 3 e 4 de Josué. É possível que já houvesse uma espécie de "história deuteronomista", da qual o Deuteronômio seria sua abertura, uma espécie de grade de leitura, e cujo prosseguimento estivesse contido em Josué, Juízes, Samuel e Reis. Subsequentemente, quando a Torá tem sua formulação, o Deuteronômio passa a fazer parte do final do Pentateuco, sabe-se que alguns redatores queriam um prolongamento dessa saga. Mas até onde levar a saga da Torá? Esta deveria ser aceita tanto pelos samaritanos quanto pelos judeus. Josué não seria um problema, já ele que vem do Norte. E se o Pentateuco samaritano, assim como o Pentateuco judeu, é constituído de cinco livros, existem igualmente tradições samaritanas muito distantes de Josué. Portanto, Josué era aceitável. Tudo muda, no entanto, com Samuel e Davi, com a rejeição de Saul. Trata-se de uma história claramente sulista, razão pela qual não é mais aceitável. Posteriormente, quando a decisão canônica se impôs com uma cesura após o Deuteronômio, Josué se torna o primeiro livro deuterocanônico (em relação ao "cânon" do Pentateuco).

Mas seria Josué um profeta? Afirma-se no final do Deuteronômio, da Torá: "Nunca mais em Israel surgiu um profeta como Moisés" (Dt 34,10). No mesmo livro, no entanto, em Deuteronômio 18, diz-se que Moisés inaugura uma longa série de profetas. Urgia, pois, encontrar uma lógica: haveria profetas sim, mas nenhum se igualaria a Moisés. As tradições de leitura, portanto, vão dar início, imediatamente após a morte de Moisés, à linhagem dos profetas. Mas Josué não recebe um qualificativo de profeta; ele é apresentado como ministro, como intendente, como aquele que está a serviço de Moisés (Js 1,1). A tradição rabínica, inicialmente, vai insistir na vocação de Josué como uma vocação de profeta. De fato, no primeiro capítulo de Josué, YHWH lhe fala diretamente e o instala em sua função. Isso soa como se um profeta estivesse recebendo os oráculos divinos. Os rabinos não o sabiam, mas esses primeiros versículos do Livro de Josué fazem pensar nos oráculos de salvação neoassírios: as divindades, talvez por intermédio dos profetas, os transmitem aos reis assírios quando estes se lançam em conquistas. Se Josué jamais é qualificado como profeta no texto, ele, no entanto, tem contatos privilegiados com YHWH, que lhe fala, que lhe diz o que é necessário fazer.

Outra particularidade para um grande herói: Josué não é casado; não tem nem mulher nem filhos. Um chefe de guerra solteiro é um tanto quanto inusitado. Isso pode significar, talvez, que não se tinha muita informação sobre esse personagem. Josué permanece, pois, uma figura ímpar. Quase sempre é identificado como "filho de Nun". Ora, também sobre este último nome não se sabe praticamente nada. No final do Livro de Josué se relata o sepultamento de Josué (Js 24,29-30), mas trata-se de um herói sem descendência. Morre assim a continuidade de sua história, confirmando o aspecto misterioso desse personagem.

Josué é em primeiro lugar investido de sua missão: conquistar a terra dada aos patriarcas. No início, nem ele nem os exércitos dos hebreus realizam grandes feitos; é YHWH que, de alguma maneira, age por eles. Mas, uma vez as muralhas de Jericó destruídas, ao longo de um cortejo quase litúrgico (Js 6), o exército dos hebreus se lança ao massacre. Realiza o que se denomina *herem*. Esse vocábulo tem uma dupla significação: primeiramente a de uma oferenda sagrada na qual se consagra a YHWH a vítima expiatória que será queimada inteiramente; e aquela de extermínio do inimigo para "entregá-lo ao anátema". Esse anátema, essa "destruição", é prescrita por

Deus em favor de seu povo, como está descrita nos capítulos 7 e 13 do Deuteronômio. De fato, a conquista da terra por Josué nos fornece sinistros exemplos de uma crueldade indefensável, como os anátemas prescritos e executados nas cidades de Jericó e Hai. Para evitar a revanche do inimigo, só há um meio: exterminá-lo, "entregá-lo ao anátema". E já que YHWH concedeu a vitória, o despojo deve ser devolvido a Ele.

O relato dessa conquista foi por muito tempo interpretado como a lembrança histórica de uma invasão desse território por tribos protoisraelitas. Pensou-se que esse relato se referia a uma situação histórica anterior à monarquia (século XIII a.C.). Para alguns, esse texto bíblico descreve o "primeiro genocídio da humanidade" (assim o Abade Pierre defendendo a flambagem antissemita de Roger Garaudy). De fato, trata-se de um texto terrível, que foi usado para legitimar as conquistas, as cruzadas, e até mesmo o *apartheid* da África do Sul. Existe inclusive um monumento em Pretória, o Monumento Voortrekker, que presta homenagem aos bôeres holandeses, que partiram de seu país em 1835-1838 para instalar-se na África do Sul. Vemos nisto, como num desenho animado, a chegada deles ao país diante de negros que devem ser perseguidos ou mortos. Josué, de alguma maneira, é reassumido "ao estilo *apartheid*". Após o fim desse período e de uma intervenção de Nelson Mandela, decidiu-se não destruir aquele monumento, mas conservá-lo, sobretudo para compreender e lembrar como o texto bíblico foi utilizado, deturpado. Hoje ainda, alguns rabinos fanáticos podem referir-se a esse texto para falar de Israel e dos palestinos. Entretanto, quando olhamos para a história, observamos que foram principalmente os cristãos (com as Cruzadas, p. ex.) que usaram esse livro para justificar suas conquistas.

Como situar-se diante desse uso indevido do Livro de Josué? Em primeiro lugar, urge abandonar uma leitura histórica dos acontecimentos nele relatados.

Retomemos a história: uma vez Jericó vencida, faz-se necessário aplicar o *herem*, o anátema, o interdito, a exclusão (trata-se da mesma raiz de *harem*). Relata-se em seguida o que acontece quando não se responde a essa exigência. Um dos guerreiros hebreus, Acã, faz o que é mau aos olhos de YHWH: rouba o espólio (Js 7). A ideia é esta: como a divindade concedeu a vitória, todo o espólio, humano ou não humano, deve ser de Acã. Já encontramos essa ideia na Estela de Mesha, uma inscrição que relata a vitória do rei de Moab contra Israel. Nessa estela lemos que o Rei Mesha fez um *herem* a Camos [Kamosh], deus dos moabitas. Aqui está a ideia teórica, que sem dúvida nunca se realizou, de que é necessário massacrar todos como sacrifício à divindade. Economicamente, no entanto, isso não é interessante! O texto da Estela de Mesha diz: "Eu fiz o *herem* diante de Camos". Mais adiante, porém, o texto acrescenta que todos os prisioneiros foram usados como corveias, na realização de construções, de canalizações… Portanto, trata-se de uma espécie de sacrifício retórico. Na verdade, os prisioneiros foram usados como corveia, ou alistados no exército do vencedor. Os assírios também recorriam a esse artifício.

A história de Acã acaba com sua morte, justamente por ter roubado o espólio que pertencia à divindade. A transgressão de Acã explica a razão pela qual os israelitas não puderam apossar-se da cidade de Hai; antes disso, o crime devia ser punido. Relata-se que em razão do roubo do espólio as coisas iam de mal a pior, os israelitas não mais venciam, e Josué precisou instaurar uma investigação entre as tribos. Sem dúvida, trata-se, aqui, não de uma investigação, mas de um sorteio. Dentro dessa lógica, Josué começa pelas tribos, passa por uma delas, por um clã, pelas famílias no interior de um clã, por uma família no interior do clã, por todos os homens adultos, e dentre estes um é sorteado como culpado. A posse da cidade, portanto, só será possível após a execução de Acã. O nome Hai significa "a ruína"; uma maneira de dizer que ela jamais será reconstruída; ordem que está presente no relato. No Livro dos Reis nos é dito que um tal de Hiel de Betel quis reconstruí-la, mas ao preço de seu primogênito e de seu filho caçula (1Rs 16,34). É possível supor uma tradição ao redor desse lugar de ruínas. Mas por qual razão narrar um relato como esse? Talvez se pretenda mostrar o que acontece aos que pensam que podem trapacear com essa ideia de *herem*. No relato, o espólio recuperado é anexado ao tesouro do Templo. Acontece que naquele período o Templo nem existia! Indicação, portanto, de que o texto foi escrito no período em que em Jerusalém já existia um templo. Na lógica do relato, se o espólio é de YHWH, ele pode ser perfeitamente destinado ao Templo. Estaríamos diante de uma revisão da história na época da reconstrução do segundo Templo? Se assim fosse, seria uma maneira de lembrar que é necessário pagar os devidos impostos[6]. Urgia, pois, contar a história de Acá e de Hai para legitimar o fato de que ninguém deve apropriar-se do que pertence a YHWH. Mas com a seguinte interrogação: O que significa "que pertence a YHWH"? Teria a ver com o Templo? Com os sacerdotes? Com o rei?

A história de Jericó, que é relatada antes daquela de Hai, é bastante estranha; e com uma procissão litúrgica que precipita a queda da cidade, precedida do episódio de dois espiões hebreus que nada fazem senão buscar proteção junto à prostituta cananeia Raab (Js 2). Tudo acontece como se no interior do próprio livro fosse posta em dúvida a ideologia do extermínio. A história de Raab foi sem dúvida inserida *a posteriori*, pois, no capítulo 1, Josué anuncia às suas tropas: "Preparai vossas provisões, pois ireis transpor o Rio Jordão em três dias para tomar posse da terra" (Js 1,11). Josué já sabe o que vai fazer. Mas, de repente, envia espiões, que entram na cidade, e "se deitam" com Raab, a prostituta estrangeira, que os esconde diante dos emissários do rei de Jericó. Depois voltam. O interessante, no plano literário, é que eles dizem a Josué: "YHWH nos deu toda esta terra e à nossa presença todos os seus habitantes fugiram" (Js 2,24). Com esse discurso retomam exatamente os propósitos de Raab: "Eu sei que

---

[6]. Uma ideologia similar se encontra no Novo Testamento, nos Atos dos Apóstolos 5: a história de Ananias e Safira, que morrem em razão de uma trapaça imobiliária.

YHWH vos deu a terra, que vosso terror caiu sobre nós e que todos os habitantes da terra fugiram diante de vós" (Js 2,9). Assim, no Livro de Josué, toda conquista começa com a palavra de uma mulher cananeia e, além disso, prostituta. Assim como os inícios da história de Moisés, marcados pela presença de mulheres (as parteiras do Faraó, a filha do Faraó, sua mulher madianita), temos aqui novamente uma mulher, estrangeira, que põe as coisas nos trilhos. Por que inserir o relato de Raab? Talvez para mostrar que uma segregação absoluta é inviável. Também nos perguntamos sobre o fato de Raab ter negociado. No texto ela diz claramente aos espiões de Israel: "Já que procedi lealmente para convosco, jurai-me na presença de YHWH que agireis da mesma forma com toda a minha família. Dai-me um sinal certo de que deixareis viver meu pai, minha mãe, meus irmãos e minhas irmãs, com todas as suas posses, e que nos salvareis da morte" (Js 2,12-13). No final da história da tomada de Jericó podemos ler duas versões sobre a realização desse pedido. Uma, segundo a qual, em razão de sua conduta, o clã de Raab vive *no meio* de Israel, até os nossos dias. "Josué deixa viver Raab, a família de seus pais e todos os seus. Como ela escondeu os agentes de Josué enviados a espionar Jericó, ela permanece até hoje no meio de Israel" (Js 6,25). Outra versão, segundo a qual Raab e sua família foram poupadas e habitam *ao lado* dos israelitas: "Fizeram sair, seu pai, sua mãe, seus irmãos e todos os seus. Eles os colocaram em segurança fora do acampamento de Israel" (Js 6,23). Uma versão os integra, a outra não. Há dúvidas: O que fazer? Basta deixá-los viver para manter a palavra dada ou é realmente necessário integrá-los? Mais tarde, os rabinos farão de Raab a mulher de Josué. No Novo Testamento, a encontramos entre as quatro mulheres estrangeiras (com Tamar, Rute e Betsabéia) mencionadas na genealogia de Jesus, no Evangelho de Mateus.

A história dos gabaonitas, no capítulo 9, lembra de certa forma a de Raab. Um grupo de habitantes de Gabaon finge vir de muito longe, mesmo procedendo de uma cidade que, na verdade, situa-se no território de Benjamin. De alguma maneira, esta não deixa de ser uma estratégia de sobrevivência. Apesar da descoberta do artifício, eles são aceitos, mas sob a condição de que realizem tarefas de escravos ou de servidores; novos relatos que parecem dizer que é impossível viver em segregação total. Em última análise, trata-se de relatos de histórias que forçosamente não devem aborrecer os destinatários. Raab, a prostituta, acaba reconhecendo o Deus de Israel; os gabaonitas, por sua vez, acabam reconhecendo a superioridade de Josué e dos hebreus. É uma maneira de dizer: pode haver "bons" estrangeiros. Essa parece ser a mensagem que quiseram passar.

O relato de Raab se presta a uma reflexão sobre o vínculo com os outros. No início do Êxodo também encontramos mulheres estrangeiras: as parteiras egípcias que se opõem ao Faraó; Séfora, que salva Moisés ao ser atacado por YHWH... Não sabemos exatamente o que é feito de Raab, mas esse tipo de relato intervém para matizar ou mudar as perspectivas.

Também encontramos vestígios de releitura no capítulo 1. No início, Josué é identificado como um rei. YHWH lhe diz: "Não tenhas medo, colocarei todos os teus inimigos debaixo de teus pés". Esse discurso de instalação na terra termina com uma exortação: "Sê forte e corajoso" (Js 1,6). Essa mesma exortação é retomada no versículo seguinte, para introduzir um novo discurso que transforma o primeiro.

De chefe de guerra e servidor de YHWH, Josué se torna agora uma espécie de rabino, um discípulo da Torá, que deve meditar a Lei dia e noite; e não tem mais tempo, portanto, para guerrear. Ele deve ser ao mesmo tempo "forte e corajoso" para fazer a guerra, mas também para evitá-la! "Sê forte e corajoso, pois és tu que darás em patrimônio a este povo a terra que jurei dar aos seus pais" (Js 1,6), e "sê forte e muito corajoso para agir conforme a Lei que meu servidor Moisés te prescreveu. Não te desvies dela nem para a direita nem para a esquerda [...]. Este livro da Torá não se afastará da tua boca. Murmurá-lo-ás de dia e de noite" (Js 1,7-8). Temos a sensação de estarmos diante de um duplo personagem, e também de uma espécie de releitura para não fazer de Josué somente um chefe de guerra, mas sobretudo um fiel leitor da Torá, e para corrigir um pouco essa ideologia segregacionista na história de Josué.

Outra curiosidade: tendo entrado na terra, Josué vai circuncidar toda a segunda geração que aparentemente não foi circuncidada (Js 5). É um tanto quanto difícil de imaginar a cena. Não sabemos exatamente a razão pela qual os filhos da geração do Êxodo não foram circuncidados. Sabemos, porém, que a maioria dos povos do Oriente praticava a circuncisão, mas os assírios e os babilônios não costumavam praticar esse rito. Parece que os exilados na Babilônia deviam, portanto, refletir sobre a sua necessidade. O estranho relato em que YHWH ataca Moisés, que é salvo pela mulher, que por sua vez circuncida o filho (Ex 4,25-26), faz parte dessa reflexão em torno da circuncisão. De repente, do nada, Josué vai circuncidar toda a segunda geração; haja tempo disponível!

Por muito tempo pensou-se que a conquista da terra tinha um respaldo histórico, justificado pelas ruínas de Jericó. A queda de Jericó (Js 6) tornou-se na Bíblia um relato litúrgico, que a princípio talvez não o fosse, ou o fosse menos intensamente. A mensagem, muito embora discreta, incide novamente sobre a intervenção divina. Uma espécie de procissão foi suficiente para fazer ruir as muralhas. Sem dúvida, os beneficiários da terra devem ter visto ruínas ao redor da cidade de Jericó, mas também devem ter-se perguntado de onde elas viriam. Talvez o relato seja uma tentativa de explicação. Livros sobre a arte da guerra, escritos por generais israelenses, irão inclusive buscar no relato bíblico das batalhas de Josué receitas para as guerras modernas, nos anos 1960-1970. Mas a história desmoronou com as escavações feitas em Jericó: nenhum vestígio de muralhas foi encontrado e, portanto, não houve nenhuma destruição de muralhas em Jericó no século XIII ou XII. Desta forma, as descobertas da arqueóloga britânica Kathleen Kenyon permitiram propor outras leituras possíveis.

Com uma abordagem mais comparatista, o interesse passou a recair sobre essa ideologia guerreira, sobretudo assíria, cuja retórica é bastante similar à encontrada em Josué. É possível confrontar certos relatos de guerra ou certas cartas de reis enviadas à divindade para agradecê-la em razão de tal ou tal apoio recebido ao longo dos combates. Essa ideia do "*Gott mit uns*" existe desde os assírios. Em algumas representações é possível ver o rei assírio atirando com seu arco, e acima dele se encontra uma espécie de disco no centro do qual está uma divindade fazendo o mesmo gesto que o rei-arqueiro. Antes de o rei partir em campanha, Ishtar, deusa da sexualidade e da guerra, profere oráculos: "Não o temas, pô-lo-ei debaixo de teus pés..." É um pouco o que é dito a Josué no capítulo 1, e mais uma vez no capítulo 10, por YHWH. Temos inclusive textos paralelos na descrição. É o que vemos no capítulo 10, por ocasião da guerra de Josué contra uma coalizão impressionante de inimigos. O texto diz que YHWH faz cair grossas pedras de granizo sobre os inimigos. A mesma descrição pode ser encontrada nos textos assírios em que, de fato, Hadad, deus do trovão, atira grandes pedras de gelo do alto do céu. Nos textos bíblicos a expressão é praticamente idêntica: "Foram mais numerosos os que morreram pelas pedras de granizo do que os filhos de Israel mataram à espada" (Js 10,11). As guerras só podem ser vencidas lá onde as divindades estão envolvidas.

Portanto, a partir de todos esses relatos, podemos dizer que o verdadeiro guerreiro, o verdadeiro chefe de guerra é YHWH. A seu serviço ele dispõe de um exército terrestre, do qual, na verdade, não tem necessidade. Há nesses relatos uma espécie de ideologia guerreira, não somente assíria, embora essa ideologia assíria seja particularmente desenvolvida. Nesse sentido poderíamos compreender o Livro de Josué como uma *counter-history* (contra-história), em que grupos sob dominação ou ameaçados, oprimidos, se servem do discurso dominante para desviá-lo, ou para zombar, ou para redirecioná-lo contra o opressor. Já foi dito que YHWH só se tornou um deus guerreiro no momento em que foi redigido o Livro de Josué. Aliás, nos Profetas, simplesmente se diz: "Trouxe-vos a um país. Eu vos levei a um país". Sem jamais fazer realmente referência à conquista; talvez em alguns salmos, mas na literatura profética, nunca. Em Oseias, por exemplo, lemos: "Encontrei Israel como uvas no deserto" (Os 9,10); e YHWH lembra simplesmente que "fez subir do país do Egito os filhos de Israel" (Os 12,14). Nenhuma menção a um massacre da população.

No Oriente Médio Antigo encontramos muitos relatos de um Deus que batalha por seu povo. A recuperação dessa ideia em certos textos bíblicos é às vezes compreendida como uma espécie de procedimento de desmilitarização da guerra. Nem sempre é convincente, mas assim podemos interpretar Êxodo 14, quando YHWH endurece o coração do Faraó. "Eu me glorificarei às custas do Faraó e de todo o seu exército" (Ex 14,4). E o próprio Moisés explica ao povo: "YHWH combaterá por vós, quanto a vós, calai-vos" (Ex 14,14). Temos a impressão de um povo espectador diante de YHWH, que intervém de forma direta. Em Josué não vemos exatamente isso. YHWH diz precisamente a Josué o que ele deve fazer: girar seis vezes ao redor da cidade e tocar a trombeta para que a cidade imploda. Ainda assim há uma espécie de participação da população. É uma procissão, mas não são as armas humanas que agem. Com a destruição de Hai, nos encontramos diante de um relato de guerra, com uma estratégia, em que uma parte dos combatentes fingem fugir para que as pessoas saiam da cidade para persegui-los, estratégia que permite ao outro grupo entrar na cidade, apropriar-se do espólio e exterminar todos os que ainda permanecem nela. É exatamente uma estratégia de guerra. No texto temos igualmente tradições diferentes: a ideia de que a divindade faz tudo, e relatos de guerra que celebram a astúcia ou o talento militar de Josué.

Quanto aos povos massacrados nesses relatos, ninguém realmente consegue identificá-los. Os únicos identificáveis, os hititas e os amorreus, não estão em Canaã, vivem na Anatólia, mais ao noroeste. Os rabinos já haviam ponderado que *esses nomes eram uma espécie de código* para identificar alguém que não se pretendia nomear explicitamente. Poderíamos levar a especulação mais longe: talvez eles quisessem dizer que os que ocupavam o país e que deviam partir eram os assírios. Queriam livrar-se deles, e YHWH o fez por eles. Mas se por acaso algum estudioso assírio lesse o relato, certamente criaria problemas! Eis a razão pela qual nessa lista muitos nomes permanecem enigmáticos.

O que fazer hoje com esse texto? Se o tomarmos literalmente, vemos que a promessa se realiza numa sucessão de abomináveis banhos de sangue. Mas, ao estudar a construção do relato, nos damos conta também de que se trata de um texto que se inspira em uma ideologia militarista assíria, vinda de pessoas que não tinham os meios para opor-se aos assírios. A única maneira que tinham de opor-se à potência assíria era o uso da retórica. O impressionante é que sempre se recebeu esse texto de maneiras diferentes, segundo os contextos de pessoas ou povos. Já dissemos que Josué foi usado para legitimar a escravidão, em referência àqueles povos, como os gabaonitas, que são poupados, mas que se tornaram escravos dos hebreus. Nos Estados Unidos, Josué faz igualmente parte dos mitos fundadores dos colonos europeus. Os primeiros colonos entraram num país pretensamente virgem, onde era necessário livrar-se dos indígenas que nele habitavam. Feito isso, o país passou a necessitar de mão de obra para cultivar os campos de algodão, e assim implementou-se o tráfico de escravos negros. Quis-se então fazer deles bons cristãos a quem era lida a Bíblia. O interessante é que, quando os escravizados negros ouviram a história de Jericó, eles captaram a mensagem de resistência de Josué, da qual os opressores jamais se deram conta. Percebemos isso na famosa Joshua fit the battle of Jericho, do gênero musical *Negro Spiritual*. Os oprimidos são capazes de entender a mensagem do texto de Josué como uma mensagem de resistência. Talvez tenha sido esse o caso lá no início, quando o texto bíblico foi redigido, na luta contra a opressão assíria. Isto coloca uma questão hermenêutica interessante: como ler esse texto? Os que estão na origem do gospel citado acima não tinham feito estudos de teologia nem de história antiga, mas descobriram o sentido do relato de Jericó por si mesmos. O que mostra que esses textos podem ser recebidos de maneira muito diferente. Por ocasião do cristianismo triunfante, Josué é usado para legitimar opressões; posteriormente um escravo negro ouve esse texto e percebe algo totalmente contrário, que remete à sua própria situação de opressão.

Existe também um problema historiográfico. Já que é necessário criar um relato de fundação, constrói-se então um relato de guerra incorporando outras tradições. Eis um dado característico das formas de relatar da Antiguidade. Visando mostrar a relação com a terra, criam-se mitos autóctones, como o fez Nicole Loraux (1996) para a Grécia. Os primeiros atenienses estão na terra, e desde as origens. Em outra tradição, porém, Zeus diz aos dórios: É hora de conquistar países. Eis a conquista! Os Estados Unidos têm tipicamente um mito de conquista, de colonizador, inspirando-se de perto no modelo bíblico. Quanto à relação com a terra, é como se se dissesse: ou vieste de alhures porque tua divindade te disse "vai conquistar o país", ou estás lá desde sempre, e "o país te pertence". Em outro caso, porém, seria como se disséssemos: "Viemos porque temos uma civilização a introduzir". É o discurso colonizador. Entre os gregos, temos os dois discursos. Na Bíblia, de um lado Abraão, originalmente, é um autóctone (sua partida da Mesopotâmia foi inventada tardiamente) e, de outro lado, fabricam-se relatos de conquista.

Como, por conseguinte, explicar a necessidade de um relato de exílio, de conquista? Urgia que Abraão viesse de alhures a partir do momento em que havia judeus na Babilônia, e que tinham a possibilidade, à época persa, de voltar ao país. Abraão realiza assim no relato de Gênesis 12 uma espécie de caminho dos exilados que podem retornar ao país. Ele se torna assim uma figura "exódica", mas é uma volta que não implica a conquista. Abraão não conquista nada. Ele se instala no país que Deus lhe mostrou, sem guerra (exceção feita no capítulo 14 do Gênesis, como o vimos precedentemente, mas aqui não se trata de guerras de conquista; Abraão pretende simplesmente libertar seu sobrinho). Entretanto, ao se remover esses textos de migração da história de Abraão, atribuídos aos escribas sacerdotais, pela fonte P, do início da época persa, jamais é dito que Abraão vem de alhures. No Livro de Isaías, podemos ler: "Olhai o rochedo do qual fostes talhados, e o fundo da pedreira da qual fostes tirados" (51,1). E ainda: "Olhai Abraão, vosso pai, e Sara, que vos puseram no mundo" (51,2). Talvez nesse oráculo se esteja evocando o seu túmulo, mas percebe-se que os dois personagens são autóctones; Abraão está lá, naquela terra, é seu ancestral. O relato de Abraão, contrariamente ao de Josué, é um relato de autoctonia. Com Josué temos um relato de conquista. Será que esses relatos podem conservar memórias plurais? Não é impossível. Não se inventa nada a partir do nada. Talvez existam aí memórias de conflitos entre essas populações da montanha, justamente porque a região de Efraim, de onde procede Josué, é o lugar em que se encontra o núcleo do que mais tarde vai se tornar Israel, ou seja, populações rurais que, para fugir das cidades-estados cananeias, se refugiaram nas montanhas. E uma vez que os egípcios se retiraram, por volta do final do século XIII, esses reizinhos cananeus não tinham mais tanto poder nem respaldo. Alguns chegam a afirmar que talvez possa existir nesses relatos lembranças de invasões dessas tribos que se vingam desses reizinhos. Não é impossível. Em Josué 10,3 fala-se de um "rei de Jerusalém", Adonisedec, contra o qual o exército dos hebreus luta, ao passo que, na grande narrativa, é Davi que se torna o primeiro rei de Jerusalém. Temos a impressão, pois, de que Josué 10 reflete a memória de que Jerusalém existiu como cidade cananeia à época do Bronze, governada por um rei, e talvez igualmente vestígios de memória de conflitos entre aquelas populações e aquelas cidades-estados cananeias, tradições postas por escrito bem mais tarde, sob a inspiração de relatos assírios.

Muitas vezes esses escritos de conquista servem para justificar o território presente ou reivindicado. La chanson de Roland [A canção de Rolando] servirá, por exemplo, para cantar pela primeira vez o território da *Douce France*. Com o Livro de Josué, trata-se (em alguns capítulos, notadamente Josué 10–12) de um médio-grande Israel, que vai do Eufrates até o Nilo. Trata-se efetivamente aqui de uma legitimação de um Israel um pouco mítico, mas que, talvez, corresponda muito bem às ideias da época de Josias, um rei com loucura de grandezas que se legitimou assim. É exatamente uma legitimação. Primeiramente do Rei Josias, que queria defender a ideia de um grande Israel; uma vez os assírios tendo partido, e num período em que os egípcios e os babilônios ainda não haviam chegado, percebe-se então um momento de *vacuum*, que pode ter feito surgir a ideia de um território.

Como para todos os relatos, é preciso precaver-se de uma leitura unilateral. Se levarmos em conta todo esse paralelo com os assírios, então estaríamos diante de uma legitimação política. Nos textos, YHWH se torna, pela primeira vez, um Deus guerreiro, a exemplo dos relatos assírios. Os assírios parecem muito cruéis, sobretudo se observarmos as representações da época, presentes nos palácios (inúmeros baixos-relevos se encontram hoje no Louvre e no Museu Britânico de Londres), onde empalavam as pessoas, as evisceravam, as decapitavam... Toda uma panóplia de horrores que se divertiam em desenhar. Será que reinavam pelo terror? É possível! Os relatos de massacres em Josué talvez tenham essa função. Mas perante quem? Os assírios? E seria para dizer que o nosso Deus também é poderoso? Mas há nos relatos bíblicos uma tradição da guerra de YHWH, que veio para julgar os povos. Talvez haja aqui um vínculo: YHWH guerreia contra os inimigos de Israel. Há também, no Livro de Amós, uma tradição em que YHWH faz guerra contra o seu próprio povo em razão do desrespeito para com seus compromissos. A expressão "o Dia de YHWH" originalmente reflete essa ideia, antes de transformar-se numa maneira de nomear a guerra escatológica, mas, de fato, a guerra não está tão presente. A história da conquista, da forma como a encontramos em Josué, não é retomada nos salmos, apenas de passagem em alguns deles. E Josué é muito raramente mencionado.

Josué morre, no final do livro, após um longo discurso recapitulativo da história, e é enterrado em sua região de Efraim. De fato, estamos diante de dois discursos de adeus de Josué. No capítulo 23, ele se diz velho e cansado, na iminência de morrer; já no último capítulo (Js 24), no entanto, estamos diante de outro discurso, mostrando um Josué em plena forma. O relato no capítulo 23 deve situar-se no enquadramento da passagem do primeiro capítulo, que o obriga a sussurrar e a respeitar a Torá. Em seu primeiro discurso, Josué lembra a necessidade de seguir o ensinamento da Torá, retomando as palavras do capítulo primeiro. "Esforçai-vos em vos conformar inteiramente com o que está escrito no livro da Torá de Moisés, sem vos desviar nem para a direita nem para a esquerda" (Js 23,6). Se não agis segundo a Torá, especifica Josué, eis os males que vos afligirão. Já é uma alusão à sequência. O capítulo 24 é uma recapitulação de toda a história que começa com os patriarcas, que viveram do outro lado do rio (isto é, do Eufrates), e vai até a conquista. Temos a sensação de que os redatores do capítulo 24 queriam fazer de Josué o último livro da Torá. Por essa recapitulação, e pelas ações que o seguem, Josué assume a mesma função que Moisés. Ele faz uma aliança com o povo e escreve no livro. É, de certa forma, um "pequeno Moisés". No livro não se diz "*sepher torah* de Moisés"; diz-se "*sepher torat elohim* (de Deus)". Alguns dizem que o título "*sepher torah* de Moisés" designa o Pentateuco, e "*sepher torah* de Deus" talvez possa ser o nome que se queria dar ao Hexateuco, à Torá que inclui Josué. É por isso que, no final, parece haver a necessidade de entronizar Josué como um novo Moisés. Do capítulo 1 ao 23 ele permanece sob a autoridade de Moisés, ao passo que no capítulo 24 ele é quase igual a Moisés. Reflexo de uma evidente tentativa de associar Josué aos livros precedentes.

8
O obstáculo da realeza e as adequações do cânon

Se, na tradição do judaísmo, a Torá forma um conjunto de textos bastante distinto, sua lógica narrativa, como o vimos, pode causar problemas. Na conclusão do Pentateuco, dos cinco primeiros livros da Torá, Josué sucede a Moisés, mas sem justificação particular, sem relato detalhado de qualquer conquista futura. A narração que coloca Josué em cena prossegue no Livro de Josué, que dá seguimento à história do país, após a conquista, notadamente a história dos dois reinos, Israel e Judá, até seu desaparecimento. Quanto à divisão dessa história, temos três opções claramente definidas: o Pentateuco (cujo desfecho se dá com a morte de Moisés em terras de Moab, fora da terra prometida); o Hexateuco (os cinco primeiros livros somados ao de Josué, que relata a conquista da terra); e o denominado Eneateuco (que acrescenta os livros Juízes, Samuel e Reis[7]), último conjunto constituindo um relato que vai da expulsão do paraíso à expulsão da terra. É uma espécie de dupla perda: a do jardim e a da terra. A promulgação da Torá constitui então uma cesura no interior dessa grande narração.

Em última análise, porém, é o Pentateuco que acabou se impondo. A primeira parte da Bíblia, denominada Torá, que contém os livros de Gênesis ao Deuteronômio, é marcada, como vimos, pela figura de Moisés, mesmo que nela esteja presente Abraão. No final, no entanto, é Moisés que prevalece quando se diz que "nunca mais em Israel surgiu um profeta como Moisés" (Dt 34,10). Afirmação que, por sua vez, se constitui em verdadeira cesura. Haverá outros profetas, mas nenhum do porte de Moisés. De uma certa maneira, o que vem depois de Moisés poderia ser qualificado de "deuterocanônico", expressão anacrônica (que pertence à linguagem cristã), mas utilizada aqui em relação ao "verdadeiro cânon", que no judaísmo é a Torá, o Pentateuco. Pois bem, mas quem são os profetas? O conjunto denominado "os Profetas" representa a segunda parte da Bíblia hebraica. Contudo, segundo essa disposição, os Profetas não começam com os livros proféticos propriamente ditos (Isaías, Jeremias, Ezequiel etc.), mas com o que a tradição cristã chama de "livros históricos": Josué, Juízes, Samuel e Reis. Isso porque nesses livros vários profetas fazem intervenções, tornando-se cada vez mais importantes.

---

7. Originalmente, os livros de Samuel e dos Reis eram considerados um único livro.

Os relatos de Elias e Eliseu ocupam quase a metade do espaço dos livros dos Reis. Aliás, tranquilamente se poderia ter chamado Reis 1 e 2 de livros de Elias e Eliseu, já que são narrados tanto episódios sobre eles quanto sobre os próprios reis. Esses profetas interagem com os reis, e de fato estamos diante de uma história dos profetas.

Na Bíblia hebraica, os Profetas vão de Josué a Malaquias, último dos 12 "profetas menores". Ora, curiosamente Malaquias anuncia o retorno de Elias, profeta principal do Livro dos Reis, encarregado de lembrar a Lei de Moisés: "Lembrai-vos da Lei de Moisés, meu servidor, a quem, no Horeb, dei leis e costumes para todo Israel. Eis que vos envio Elias, o profeta, antes que venha o Dia de YHWH, o grande e terrível dia" (Ml 3,22-23). Os Profetas terminam reafirmando a importância da Lei de Moisés, e, com o retorno de Elias, os tempos messiânicos começam. Moisés e Elias, portanto, estão presentes no final dessa segunda parte da Bíblia hebraica. Não é por acaso, pois, que ambos são citados no Novo Testamento, no episódio da Transfiguração (Lc 9,28-36), em que Moisés e Elias aparecem a Jesus na montanha: é para significar que o oráculo final de Malaquias se realiza na pessoa de Jesus.

No interior dos Profetas, na Bíblia hebraica, uma cesura aparece no final do Livro dos Reis. No plano narrativo, a história se interrompe com o exílio e com a deportação para a Babilônia. "Fê-lo abandonar suas vestes de prisioneiro, e Joaquim passou a tomar suas refeições constantemente na presença do rei para o resto de seus dias" (2Rs 25,29). O último rei, exilado na Babilônia, sai da prisão, por decreto do rei da Babilônia, e assume um lugar privilegiado à mesa do monarca estrangeiro. Essa pequena informação é impressionante: Deus não intercede nessa mudança de condição de Joaquim. Este sai da prisão, troca de roupa, come à mesa junto ao rei da Babilônia, que o livrou da prisão. Mas nenhum vislumbre de retorno ao país! Isto lembra a história de José, também saído da prisão, cujas roupas são trocadas, e que se torna o segundo homem mais poderoso do Egito, subordinado apenas ao Faraó. Se considerarmos a história de José como representativa da visão e legitimação da diáspora, é possível ler o Segundo Livro dos Reis de uma maneira similar: o rei não retorna para a Judeia (afirma-se claramente que ele permanecerá na Babilônia "para o resto de seus dias"), mas a situação no exílio melhora significativamente. O exílio se transforma em diáspora.

Temos, portanto, uma espécie de enquadramento "diaspórico" desse Eneateuco com o primeiro livro, o Gênesis, que se conclui com José, símbolo da diáspora, e uma pequena alusão à diáspora de novo em 2Reis 25, em que o último rei não volta mais a ser rei e permanece na Babilônia. Por outro lado, em 2Reis 25 não se menciona seus filhos, diferentemente, em contrapartida, dos livros das Crônicas. No Livro dos Reis tampouco se menciona que Joaquim tenha uma descendência! Como se quisessem opor-se à ideia de um retorno à dinastia. Joaquim é acolhido à mesa do rei, é bem tratado e alimentado até o final de seus dias; como para ratificar que o exílio se transformou em diáspora.

Com esse grande enquadramento, de Gênesis a 2Reis 25, obtém-se assim uma espécie de narração da diáspora. Narra-se a conquista do país, a instalação nele, o surgimento da realeza, o maior ou menor sucesso de seus reis, e seu fracasso culminando no exílio, aliás, num duplo exílio e numa dupla destruição: Samaria primeiro, Jerusalém em seguida. Voltando à história de Joaquim, encontramos paralelos com a história de José, uma instalação mais feliz em terra estrangeira. É na segunda metade dos Profetas que a perspectiva mudará. Isaías e Ezequiel, notadamente, anunciarão o retorno de um rei, "novo Davi", que reconduzirá Israel ao seu país e reunirá as nações.

Segundo o lugar nos textos em que situarmos a cesura narrativa, a visão da história muda. Se prestarmos atenção a uma certa coerência narrativa, é possível traçar o grande relato do dom da terra, sua conquista, a história da realeza e do exílio. Seguindo a ordem canônica, no entanto, chegamos a outra leitura. Com os livros proféticos propriamente ditos, muitos dos quais contêm discursos de um novo tempo, de uma espécie de restauração, encontramos uma perspectiva escatológica. O último livro profético, Malaquias, anuncia a volta de Elias, afirmando fortemente a importância da Lei de Moisés.

A volta de Elias é denominada o "Dia de YHWH". Mas o que seria esse "Dia de YHWH"? Seria uma nova história ou uma nova repetição? Nos livros dos Reis, Elias às vezes pode agir como Moisés. Também ele vai ao Horeb, por lá permanece 40 dias e tem uma espécie de visão. Podemos compará-lo, portanto, de certa maneira, a Moisés; exceto que ele não morre, é elevado, é carregado. Deus o faz "subir ao céu em meio a uma tempestade" (2Rs 2,1). Esse "arrebatamento" permite justificar que sua volta seja possível. A tradição rabínica tentará então explicar o mesmo em relação a Moisés: segundo o último capítulo do Pentateuco, YHWH o enterrou, mas seu túmulo é desconhecido. Ele realmente teria morrido? ou teria sido levado por YHWH, à maneira de Elias? Nem um nem outro teve uma morte "normal".

Elias vai inaugurar, segundo o Livro de Malaquias, uma nova era, que realmente não é descrita, e que sem dúvida se inspira nos oráculos de salvação ou de restauração, ou de nova criação, abundantemente presentes na literatura profética. Em Isaías, é a nova criação; em Ezequiel, a volta de um novo Davi... Mas tudo isso difere da primeira parte dos "Profetas" e do Pentateuco, que provavelmente viram sua redação final no ocaso do período persa. Vale lembrar que, sob o domínio persa, não se vivia tão mal. Os persas eram, de certa maneira, muito "tolerantes" em relação às práticas religiosas, tanto que não havia revoltas, e os hebreus pagavam impostos. No Segundo Isaías (Is 40–55), chega-se a dizer que Ciro, o soberano persa, é o messias de YHWH! Como se já não fosse mais necessário fazer referência à linhagem davídica. Em outros textos, no entanto (em Zacarias e alhures), fala-se de um retorno da linhagem real ou de um novo Davi. Sem dúvida, aqui há duas opções muito diferentes quanto à necessidade de restaurar a linhagem davídica. Por um lado, havia uma espécie de corrente a favor da "realeza" e, por outro, outra corrente mais aberta, disposta a considerar que o rei estrangeiro era o messias. Mas esse debate não se encontra na segunda parte dos Profetas, nos livros proféticos propriamente ditos.

Como explicar essa dupla "narração"? Os discursos e as ações dos profetas retomam certos acontecimentos históricos descritos nos livros precedentes (notadamente Samuel e Reis), mas, ao mesmo tempo, seus textos integram oráculos que não deixam forçosamente suspeitar a existência desses relatos precedentes. Podemos imaginar que haja aí, senão dois ambientes, pelo menos duas opiniões. Para a primeira opinião, a realeza é um fracasso. Os hebreus estão numa situação em que urge aceitar a nova conjuntura. Seria possível dizer que o Livro de Isaías é uma espécie de compromisso que vai nessa direção. Ele anuncia a restauração, uma "nova criação", mas o Messias não é o rei ideal que foi anunciado do capítulo 7 ao capítulo 11 do livro (sem dúvida alguém da linhagem de Davi), mas justamente o rei persa; ou seja, já não precisam mais de Davi! No Livro de Ezequiel, fala-se de um novo Davi, sem, para designá-lo, usar o termo "rei". O termo escolhido é "chefe" ou "príncipe", para não ofender os persas, sob cujo império viviam; ou para significar que uma coabitação com os persas era possível.

Nos "Profetas Menores" (ou os Doze), acrescentou-se, no final de alguns rolos [pergaminhos], anúncios de restauração que às vezes dizem respeito à dinastia davídica. Assim, para Amós, YHWH vai restaurar a "cabana de Davi" (Am 9,11). Aqui claramente se espera o retorno davídico. No Livro de Ageu, Zorobabel, da linhagem davídica, vai colocar os fundamentos do novo Templo, antes de misteriosamente desaparecer; não se sabe o que é feito dele. Alguns supõem que os persas tenham dado sumiço nele para evitar uma restauração da linhagem davídica. Digamos que, na segunda parte dos Profetas, os textos em torno da restauração mantêm uma certa indefinição, sem narração bem constituída. Retorna-se, com frequência, sobretudo com os profetas Oseias, Amós e Miqueias, à época do reino do Norte (que desaparece em 720 a.C.). A crítica à realeza deixa entrever uma restauração possível, mas de maneiras diversas. Espera-se que as coisas mudem, sem ter exatamente presente o "como". No Livro dos Reis é frequentemente especificado que YHWH falou ao seu povo por meio de seus servidores, os profetas. Mas, curiosamente, os profetas em questão, nos livros seguintes, jamais são realmente identificados pelo nome. O único nomeado é Isaías. Assim, 2Reis 18–20 é um relato que pode ser encontrado, com algumas modificações, em Isaías 36–39. É como se houvesse um interesse em estabelecer uma espécie de vínculo entre as duas partes. Narra-se nesses dois relatos paralelos principalmente o cerco a Jerusalém em 701 pelos assírios (Isaías intervém nesse contexto), e seu abandono, que é atribuído à intervenção de YHWH. Da mesma forma, em Jeremias 52, os redatores parecem repetir 2Reis 24-25, sem que o profeta seja aqui mencionado. Existem, pois, tentativas de afirmar ou de confeccionar a unidade desse *corpus* discrepante. Entretanto, à exceção de Isaías, nomeadamente citado no Livro dos Reis, encontramos poucos exemplos similares. No Livro de Jeremias há muitos relatos sobre as intervenções do profeta, especialmente à época de Sedecias. Por que essas intervenções não são retomadas e não se fala mais de Jeremias no Livro dos Reis? Também foi possível dizer, na descrição da primeira deportação em 2Reis 24, que entre os exilados havia um tal de Ezequiel. Tudo indica que o vínculo entre a primeira e a segunda parte dos Profetas é bastante tênue.

É possível imaginar, portanto, que no princípio havia dois tipos de "bibliotecas", sob a responsabilidade de dois grupos de escribas. Um grupo encarregado dos livros ditos "proféticos" (os três "grandes" e os 12 "menores") e outro grupo encarregado dos livros "históricos" (Josué, Juízes, Samuel, Reis). Também é lícito supor que esses escribas mantinham intercâmbios entre si, se falavam, muito embora em um âmbito muito restrito. Nesse ambiente pode ter havido uma primeira "edição" de Josué, Samuel e Reis, precedida do Deuteronômio, por volta do século VII, à época da monarquia, e após a destruição de Jerusalém uma reescrita com o objetivo de explicar a catástrofe. Para os livros dos profetas, alguns rolos talvez tenham sido escritos por volta do século VII a.C. Também é possível supor que, provavelmente no fim do exílio, à época persa, no contexto da atividade literária em vínculo com o segundo Templo, esses dois grupos tenham se encontrado e se perguntado: Como atualizar e organizar esses diferentes rolos? Seria melhor deixá-los separados ou aglutiná-los? Para alguns rolos, com bastante evidência, tentou-se estabelecer vínculos, notadamente os livros de Isaías e Jeremias; já para os demais, um pouco menos. Mas muito provavelmente intencionou-se dizer que se trata de um conjunto, já que os profetas intervieram à época narrada nos livros de Samuel e dos Reis, não obstante suas opções teológicas muito divergentes. Alguns oráculos de desgraça, que talvez remontem ao século VIII ou VII, também podem explicar a razão pela qual finalmente a cólera de YHWH se abateu sobre o Norte, e em seguida sobre o Sul. Embora aqui ainda haja vínculos possíveis, a visão e o estilo de Josué a Reis, de um lado, e a visão e o estilo de Isaías a Malaquias, de outro, são muito diferentes; não obstante o relato da história da monarquia ofereça aos livros proféticos uma espécie de contexto histórico.

Outra diferença: a referência à Lei de Moisés, cujo lembrete é bastante frequente de Josué a 2Reis. Nessa história, às vezes denominada "deuteronomista", a Lei do Deuteronômio serve, de Josué a 2Reis, de grade de leitura. Desde o primeiro capítulo, YHWH exorta Josué a respeitar a Lei de Moisés. Na época da realeza, um grande número de reis malvados é mencionado, o pior deles sendo Manassés. Aqui se apresenta a lista de todas as suas ações ou malefícios:

sacrifícios humanos, culto a diferentes divindades, estátuas, alianças com os assírios... Tudo o que é proibido na Lei do Deuteronômio. Manassés é o rei "negativo", ao passo que Josias, que o sucede, se submete escrupulosamente ao que a Lei de Moisés pede. Diz-se até que ele ama YHWH "com toda a sua alma, com todo o seu ser, com toda a sua força", citação direta do *Shema Israel* ("Escuta, Israel..."), em Deuteronômio 6,4-5. De Josué a 2Reis, a Lei de Moisés é uma espécie de referência a partir da qual cada rei é "avaliado".

Entre os profetas, no entanto, fala-se menos de Moisés e mais da Lei. A palavra profética se erguerá para advertir: "Vós não respeitais a Lei!" Mas não se trata explicitamente da Lei de Moisés; é, de certa maneira, uma lei mais universal (presente em quase todo o Oriente Médio Antigo): não oprimir, respeitar a viúva e o órfão... Obviamente, não destituída de seu vínculo com o Deuteronômio, mas muito mais genérica. Essa lei, lembrada pelos profetas, não é uma referência direta ao personagem Moisés. Dele pouco se fala, a não ser em termos mais estáticos: "Eu vos enviei Moisés, Aarão e Maria" (Mq 6,4). Mas "jamais a Lei de Moisés" é diretamente evocada. Contrariamente aos livros de Josué e Reis, para os quais Moisés é a Lei, e os profetas dos quais se fala (notadamente no Livro dos Reis) em geral permanecem anônimos, como nesta formulação: "Eu vos enviei meus servidores, os profetas". Esses "servidores, os profetas", são de alguma forma pregadores da Torá, pastores que fazem sermões lembrando a Lei, ao passo que os profetas que carregam seu nome terão cada um uma identidade própria, uma história, e são portadores de visões. Muitos profetas são, acima de tudo, visionários, característica que remete a outra forma de comunicação. Com exceção de Miqueias, filho de Jemla, em 1Rs 22, fala-se muito pouco de "visões" dos profetas no Livro dos Reis. Em síntese: o conjunto dos Profetas, segundo a organização da Bíblia hebraica, apresenta duas diferentes concepções do profetismo.

Essas diferenças são interessantes, pois no cânon grego optou-se por outra organização: preferiu-se organizar a Bíblia em quatro partes, isolando os livros ditos "históricos", acrescentando-lhes Rute, e suprimindo os profetas propriamente ditos, talvez para colocá-los no fim e acrescentar-lhes o Livro de Daniel. No cânon grego, retomado pelas bíblias cristãs, os Profetas não têm uma sequência imediata com os livros por nós denominados "históricos". Como se essa aproximação e esse conjunto realizado pela parte "Profetas" na Bíblia hebraica fossem um tanto quanto constrangedores, ou porque se pretendia fechar "o Antigo Testamento" com livros que anunciassem a restauração e um rei ideal, legitimando dessa forma, nas Bíblias cristãs, a afirmação da messianidade de Jesus de Nazaré.

Nos livros "históricos", juntamente com a questão do país e a da terra, outro ponto aparece: a realeza. Os livros de Samuel e Reis dão início a uma grande reflexão, geralmente trágica, sobre a realeza, que é, de certa forma, destinada ao fracasso. Na narrativa que vai de Juízes a Reis, essa forma de governo é inicialmente desejada e apresentada como uma resposta possível a todos os problemas: "Naquele tempo, não havia rei em Israel. Cada um fazia o que lhe parecia bom" (Jz 21,25), lembra o Livro dos Juízes. Samuel, na sequência, aparece como uma figura de transição: ele é apresentado ao mesmo tempo como (o último) juiz, mas também como profeta, e de certa forma se torna o "criador de reis".

Na história trágica de Saul, o primeiro rei, simultaneamente escolhido e rejeitado por YHWH, é possível distinguir ao menos, em 1Samuel 8–12, quatro tradições que explicam a razão pela qual ele se torna rei. Em 1Samuel 8, o povo visita Samuel e lhe pede: "Dá-nos agora um rei para que nos governe, como todas as outras nações" (1Sm 8,5). Samuel responde: "Se o direito do rei reinar sobre vós, ele tomará vossos filhos para encarregá-los de seus carros e de seus cavalos [...] vos fará realizar seus trabalhos e suas colheitas, fabricar armas de guerra [...] tomará vossas filhas e as fará cozinheiras, perfumistas, padeiras. Vossos melhores campos, vinhas e oliveiras, ele os dará aos seus funcionários" (1Sm 8,11-15). Aqui a realeza é apresentada e denunciada como uma servidão para o povo: impostos, trabalho forçado, serviço militar, escravidão... Mas YHWH, ainda assim, responderá positivamente ao desejo de realeza do povo. Segue-se um relato de eleição de Saul que mais parece um conto de fadas (1Sm 9–10): um dos mais belos jovens homens de Israel, originário de Benjamin, parte em busca das jumentas perdidas de seu pai e acaba encontrando Samuel, que fará dele, segundo a ordem de YHWH, o primeiro rei de Israel. E, no outro extremo, segundo outra tradição transmitida no capítulo 11, a legitimação de Saul passa por suas façanhas militares. Os israelitas estão convencidos de que ele deve tornar-se rei. YHWH não os contradiz. Mas, no fim, em seu discurso de adeus (no capítulo 12), Samuel lembrará a crítica original à realeza: "Viestes dizer-me: não queremos continuar assim; é necessário que um rei reine sobre nós. Como se YHWH não fosse o vosso rei! Pois bem, está aí o rei que escolhestes e pedistes" (1Sm 12,12-13). O destino de um povo é então atrelado ao comportamento do rei.

Numa espécie de estranho equilíbrio, os dois relatos "positivos" que fundam a realeza, o conto de fadas da eleição de Saul (um jovem rapaz parte à procura das jumentas e encontra a realeza) e o relato de suas façanhas militares contra o rei dos amonitas, são enquadrados por dois discursos que denunciam secamente o pedido de realeza. Por outro lado, Saul, o primeiro rei, é rapidamente condenado por YHWH, e por uma ninharia. Urge, portanto, introduzir Davi! Tem-se aqui a sensação de que YHWH deve a todo custo desviar os seus olhos de Saul para fixá-los em Davi; o que nos leva a crer que a princípio havia uma tradição de Saul, do Norte, positiva, e que, após a queda do reino do Norte, foi recuperada pelos escribas do Sul (Judá), que vão enfraquecendo-a, desvalorizando-a. Embora legitimamente eleito, muito rapidamente Saul foi sendo rejeitado, em favor de Davi.

Quanto a Davi, ele inaugura a dinastia real "eterna", mas o relato de sua realeza não é tão luminoso assim. Ele se coloca inicialmente a serviço dos filisteus, apresentados como os inimigos mais perigosos dos israelitas. Sem entrar em especulações sobre o Davi "histórico", podemos imaginar que ele era uma espécie de vassalo dos filisteus que, por sua vez, aceitaram que ele assumisse um "pequeno" poder, imaginando conseguir controlá-lo a seu bel-prazer. Davi é apresentado, portanto, como o rei que YHWH escolherá para fundar sua dinastia, mas curiosamente ele não estará na origem da construção do Templo. Seria porque já existia um templo "pagão" em Jerusalém e não se queria falar muito sobre ele? Sem falar da história ambígua de Betsabéia (2Sm 11,1–12,25), na qual Davi se comporta com cinismo e crueldade diante de Urias, marido de Betsabéia, da qual Davi se enamorou e a quem engravidou. Para livrar-se de Urias, Davi o envia para a linha de frente, fazendo-o levar uma carta ao seu general na qual decide pela sua morte: "Destacai Urias para a primeira linha, onde mais forte for o combate. Depois vos afastareis dele. Ele será atingido e morrerá" (2Sm 11,15). Narra-se de Davi, portanto, coisas nada positivas. E mesmo a respeito de sua sucessão, ele é superado pelos fatos. Davi tem vários filhos de mães diferentes. Quatro deles disputam entre si o poder: Amnon, Absalão, Adonias e Salomão. Absalão mata Amnon e se revolta em seguida contra seu pai antes de ser, por sua vez, morto (2Sm 13–19). Adonias é deposto por Salomão, graças às intrigas de sua mãe, Betsabéia (1Rs 1–2).

Salomão, chegado ao poder, fará matar mais tarde a seu irmão e concorrente. Davi certamente indicou Salomão como seu sucessor, mas, para o relato bíblico, essa escolha resulta de intrigas entre Betsabéia e o Profeta Natã, ao redor do leito agonizante de Davi (1Rs 1). Apesar dessas histórias pouco reluzentes, para os reis do Sul, Davi se torna a figura de referência. Mas o que significa "fazer como Davi"? Cometer adultério? Poucos textos sustentam explicitamente que Davi respeitou a Lei. Exceto uma curta passagem em 1Reis 2, sem dúvida um acréscimo dos conhecidos deuteronomistas, na qual Davi convoca seu filho e lhe pede formalmente que respeite a Lei de Moisés.

O grande relato do rei fundador é, portanto, ambivalente. Tenta-se construir o mito do rei a quem o Profeta Natã anuncia uma dinastia eterna, mas reconhecendo que ele não pôde edificar o Templo, e não escondendo do relato nenhum de seus pecados.

Falemos do templo: do adultério de Davi com Betsabéia nasce um primeiro filho, mas que, como castigo, YHWH fará morrer. Enquanto seu filho agoniza, Davi tenta implorar a misericórdia de YHWH. O texto bíblico especifica: "Ele dirigiu-se à casa de Deus". Mas o que seria essa "casa de Deus"? Muito provavelmente um templo, mas diz-se de passagem. Em Jerusalém já havia, portanto, um templo, não construído por Davi; sem dúvida um santuário cananeu. Mais tarde, Salomão vai "construir o templo", mas de fato trata-se mais de uma restauração de um santuário já existente, e no qual YHWH será introduzido.

Nesse contexto, Salomão é apresentado como rei sábio por excelência, com narrativas que ostentam sua sabedoria, sua reputação internacional. Uma segunda parte de sua história, porém, e repentinamente, é consagrada à sua vida amorosa e à opressão que ele exerce contra o seu próprio povo. Aqui nos é dito que escandalosamente ele frequenta mulheres estrangeiras que o desviam de YHWH, que ele constrói santuários para outras divindades, e que, a exemplo do Faraó do Egito, impõe trabalhos forçados ao seu povo. Por fim, relata-se que, à sua morte, o país é dividido em dois reinos: o reino do Norte e o reino do Sul.

A sequência da história da realeza se baseia numa perspectiva fortemente "sulista". Critica-se o primeiro rei do Norte, Jeroboão, por ter feito edificar dois santuários, em Dan, no Norte, e em Betel, no Sul, e por ter instalado neles duas estátuas de bezerros de ouro, dizendo ao povo: "Israel! Eis o teu Deus, que te fez sair do Egito" (1Rs 12,28). Trata-se, portanto, de santuários javistas, com YHWH venerado sob forma de bezerro. É o que mais tarde se denominará, no Livro dos Reis, de "pecado de Jeroboão". É assim que todos os reis do Norte, de uma forma ou de outra, passaram a ser "condenados", sobretudo porque prestaram culto a YHWH em santuários fora de Jerusalém, e alguns reis do Sul passaram a ser tratados com maior benevolência pelos redatores. Entre estes últimos estão Ezequias e Josias. Relata-se a revolta de Ezequias contra os assírios, bem como o fato de que, sob o seu reinado, o cerco de Jerusalém vai resistir. Será dito inclusive que YHWH interveio para expulsar os assírios. E, não obstante Ezequias ter-se tornado vassalo dos assírios, sua apreciação permanece elevadíssima, a ponto de se afirmar que jamais houve um rei como ele. Repete-se, portanto, a fórmula aplicada a Josias. Apesar da condescendência com que esses reis são julgados, na verdade nenhum deles conseguiu evitar a derrocada da realeza. Essa catástrofe começa a ser preparada já no reinado de Manassés; os textos o consideram um rei horrível. Neles lê-se que Josias tentou fazer de tudo, mas, em razão do pecado de Manassés, não conseguiu impedir a cólera divina. Tanto mais – outro paradoxo – por Josias ter sido um rei magnífico, não obstante sua morte bastante curiosa. O texto bíblico especifica que Josias sobe para Meguido (ao Norte) para encontrar-se com o Faraó. Mas por qual razão? Teria sido intimado? Talvez o rei do Egito possa ter-se aproveitado do vazio de poder, dado que os assírios já se haviam retirado e os babilônios ainda não haviam chegado ao Oriente; o Egito teria vislumbrado uma possibilidade de reassumir o controle da região oriental. Narra-se que Josias se encontrou com o Faraó e que este último o mata, sem qualquer explicação (2Rs 23,29-30). O Livro das Crônicas tentará dar uma explicação (2Cr 35,20-25), mas no Livro dos Reis os redatores parecem constrangidos com essa história. Esse rei, que se beneficiou de todos os favores, e do qual, a exemplo de Moisés, se disse que "jamais houve depois dele um rei como ele", ainda não havia morrido quando foi escrita a primeira versão de sua história e a do Livro dos Reis. E, após a sua morte, acrescentou-se, de maneira lacônica, dois versículos, relatando o fim de Josias. Aqui nada se sabe, nada se interpreta, ou nada se pretende explicar. Aproximadamente 20 anos após a morte de Josias houve o primeiro cerco a Jerusalém, pelos babilônios, em seguida o segundo, e esse é o fim.

A história da realeza não tem uma chave de leitura coerente. Pode-se afirmar que YHWH escolheu Davi, muito embora este suscite múltiplas leituras. Trata-se de um rei escolhido, mas simultaneamente um grande libertino. Saul também é um rei excessivo, violento, que YHWH rejeitou; ele endossa uma visão trágica, digna das tragédias gregas. Igualmente é lícito afirmar que Salomão é o rei que fez entrar a Arca de YHWH no Templo, que a rainha de Sabá o visita em razão de suas riquezas e sabedoria, mas que é igualmente um tirano que explora o seu povo e que venera outras divindades. Enfim, mesmo Josias, do qual apenas narram-se os grandes feitos, é morto misteriosamente pelo Faraó.

Essa leitura atenta nos permite avaliar os diferentes reis; mas, ao ler o Livro dos Reis, não nos parece tão certo que a realeza tenha sido um bom negócio, e talvez tivesse sido melhor desfazer-se dela. Eis a razão pela qual foi necessário, e sem titubear, dissociar a história da realeza da coleção dos rolos dos profetas. Por que anunciar um "novo Davi" à luz do relato de seu reinado? Isto pode relativizar os oráculos de salvação.

História estranha essa, em que, em última análise, nada funciona: o povo, expulso, não consegue permanecer na terra conquistada, e os reis parecem impotentes. Eis a grande deixa para, na sequência, abrir espaço à literatura profética, que terá por alvo a desgraça geral e se erigirá contra os pecados do povo.

É necessário, pois, parar a história em Josué, e ficar com o Hexateuco. Procedendo dessa forma, as coisas se encaminham para o melhor: a terra será conquistada e o que importa é observar a Lei. Mas desde o primeiro capítulo dos Juízes, temos uma espécie de anticonquista, uma sorte de contrarrelato. Se até então as tribos não exerciam um papel importante, embora agindo juntas (à exceção de Efraim e Manassés, do outro lado do Jordão), em Juízes 1 o povo se divide em tribos. Este ou aquele clã tentará conquistar o território, embora nem sempre funcione. Assim, se oferece uma visão negativa da relação com a terra.

De Gênesis a Josué, a partir do juramento feito a Abraão, tudo se liga à terra. Passa-se da terra prometida à terra conquistada. Mas, ao acompanharmos a narração bíblica até 2Reis, descobrimos então que a terra pode ser perdida, que o povo pode ser expulso do país! E a certeza do retorno não tem nenhuma garantia. Compreende-se assim, no final dos livros dos Reis, que uma parte do povo desceu para o Egito, e que o último rei fica na Babilônia. Não há desfecho, a não ser o breve episódio de Joaquim saindo da prisão. Trata-se, portanto, de uma leitura muito diferente do Hexateuco sozinho, em que a identidade do povo permanece ligada à terra. Continuando a leitura até 2Reis, no entanto, a história da terra e de sua conquista se emperra. Não há mais, por assim dizer, manual de instruções. Impossível pensar que o povo possa voltar à terra; pelo menos imediatamente. O rei permanece, pois, na Babilônia; alguns estão no Egito; e não se tem mais a mesma mensagem relativa ao país, à terra. Isso mostra toda a ambiguidade da relação com a terra. Nunca se diz que a promessa foi anulada, mas, simultaneamente, percebe-se que ela não se concretiza. Isso só acontece se a leitura for interrompida em Josué 24; se ela for interrompida em Deuteronômio 34, porém, com certeza sempre se pode esperar que a promessa se realize, muito embora Moisés, como o afirmamos várias vezes, morra fora da terra, do país.

A divisão da narração e dos livros em nossas diferentes bíblias oferece, portanto, diferentes visões. A TEB (Tradução Ecumênica da Bíblia), que segue a organização dos livros da Bíblia judaica, passa dos Reis diretamente aos Profetas. O cânon cristão faz seguir o Livro dos Reis pelos livros das Crônicas, que novamente relatam a realeza e dispõem as coisas para acabar numa espécie de *happy end*: o rei persa chega e declara possível, ou desejável, a volta ao país, enquanto na Bíblia hebraica esse desfecho só acontece no final, já que o Livro das Crônicas muito frequentemente se encontra no final dos "Escritos", na terceira parte da Bíblia hebraica. A continuidade narrativa é, portanto, muito diferente se lermos o texto nas três partes do Tanakh ou nas quatro partes das bíblias cristãs, que se concluem com os Profetas. Com Malaquias, notadamente, podemos passar facilmente para o

Novo Testamento. Acrescente-se também que, no judaísmo, as três partes não têm o mesmo valor. Não se trata de propor uma leitura contínua; contrariamente ao conceito cristão de história santa que, por sua vez, se abre com a criação e culmina no Apocalipse.

Conclusão

A constituição da organização dos relatos bíblicos é fruto de um longo processo. A forma com que o conjunto final pôde conservar diferentes versões de uma mesma história, ou a maneira com que deixa aparecer os indícios de tradições narrativas às vezes contraditórias, nos ajuda a compreender as relações mantidas com a interpretação dos textos nas chamadas "religiões do Livro". Qual "verdade" estabelecer, de acordo com os textos? O judaísmo desenvolverá todo um *corpus* de interpretações da Torá, explorando e perseguindo o trabalho inesgotável de leitura e de interpretação. O cristianismo, sobretudo pós-constantiniano, elaborará, num longo processo de discussão teológica, os critérios de uma leitura, unificando o conjunto segundo "a verdade" estabelecida. Processo que decidirá as heresias, isto é, as escolhas de interpretação e de leitura a banir; mesmo que esse processo não seja tão unificado assim, tanto no conjunto do Novo Testamento quanto no prodigioso trabalho interpretativo da literatura patrística.

Mas o cristianismo fez "sumas teológicas", visando dar sentido e ordem ao *corpus* bíblico, elaborando notadamente uma leitura figurativa dos textos que permite realizar um vasto sistema de referências, de ecos, de metáforas narrativas que visam dar coerência ao conjunto. A partir do século XVIII, abriu-se o canteiro das teologias bíblicas: escreveu-se, até os nossos dias, "teologias do Antigo Testamento" e do "Novo Testamento", com a ideia de organizar esses livros ao redor de uma mensagem central (Deus, senhor da história; um Deus que liberta; o reino de Deus etc.). O judaísmo, com pequenas exceções, não participa de tais construções. A tradição rabínica, por sua vez, privilegia a discussão interpretativa. O mais fascinante é que tudo isso, ainda assim, forma uma unidade na identidade, talvez não de uma religião, ainda assim uma identidade relativa tanto ao Talmude quanto à Bíblia. Sem a Bíblia, no entanto, não teríamos o Talmude. Este, aliás, é construído para colocar em cena as discussões sobre os textos. Obviamente, pode haver "disputas" teológicas no cristianismo. Lutero usará a Bíblia para mostrar que ele tem razão. Os católicos farão o mesmo para assentar o magistério, mas sempre subsiste a ideia de que há aí uma única verdade, que se realiza, e tudo o que não se articula com essa verdade será considerado secundário.

Contrariamente aos outros grandes relatos mitológicos, às epopeias fundadoras, a Bíblia nasce de um ato complexo de reconhecimento canônico que percorre vários séculos. A Torá, o Pentateuco, provavelmente é sua parte mais antiga quanto à sua fixação, ou ao momento em que se define o que é a Torá. Hoje a tendência é pensar que a segunda parte da época persa, por volta de 400 a.C. ou 350 a.C., deve ter-se constituído no cenário dessa primeira fixação do fechamento de um conjunto de textos. Por quê? Grande questão! Seria para retomar a famosa ideia de Heinrich Heine, que afirmava que a Torá era a "pátria portátil"? Se assim for, ela substitui então a terra sobre a qual já não se vive mais, ou o Templo destruído. As Escrituras assim reunidas se tornam então outra *terra*. Vale lembrar que o judaísmo nasceu como uma religião de diáspora; e que ele jamais se tornou, pelo menos até 1948, em religião de um Estado.

O *Livro* talvez tenha sido a resposta a dar a uma identidade àquelas pessoas presentes um pouco em toda a parte, disseminadas em diferentes países e em diferentes culturas. Não era possível, o tempo todo, obrigar todo mundo a dirigir-se ao Templo de Jerusalém. Já na época persa, esse segundo Templo era mais simbólico do que outra coisa. Estava em funcionamento sim, mas uma rápida leitura dos Evangelhos é suficiente para nos convencer de que a vida social e religiosa não se organizava unicamente ao redor do Templo; havia inúmeras sinagogas nas quais todo um ensinamento era seguido, inclusive o de um personagem chamado Jesus de Nazaré. Uma vez destruído o Templo de Jerusalém pelos romanos, em 70 de nossa era, as sinagogas continuavam suas atividades. E os sacrifícios realizados no Templo não eram mais necessários. A relação com a Torá, com o texto, substituía os sacrifícios. Entretanto, dentro da própria Torá, o Livro do Levítico é quase inteiramente consagrado aos sacrifícios, ao menos em sua primeira parte. Por qual razão? Talvez, e muito provavelmente, a partir do momento em que os fiéis passaram a viver longe do Templo, eles tivessem passado a oferecer menos sacrifícios (não obstante a existência de templos um pouco "concorrentes", fato que não durou muito). Até hoje, nos *yeshivot*, nas escolas rabínicas, a leitura tradicional começa pela leitura do Levítico. De fato, é justamente o ato de leitura e de discussão sobre as leis que substitui a própria prática sacrificial, tornando-se a verdadeira prática religiosa. Trata-se de uma reflexão voltada para as leis e para o seu modo de interpretação. Interessante é sublinhar então que no interior do Pentateuco, no cerne da Torá, existe um livro que fala dos sacrifícios, e que, mesmo que estes ainda persistam no Templo de Jerusalém, deixam de ser a essência da prática religiosa. As comunidades dispersas na Babilônia ou no Delta do Nilo obviamente contribuíam com impostos recolhidos por Jerusalém, visando manter o Templo, mas para lá elas não iam mais, ou talvez só o faziam uma vez por ano. Na descrição da piedade de Daniel, o livro que carrega o seu nome diz: Daniel abria "a janela que dá para Jerusalém, e três vezes ao dia se punha de joelhos, rezava e louvava o seu Deus" (Dn 6,11). Prática ainda hoje realizada, no islã, através da *qibla*.

O que é o Pentateuco? É um escrito. Mas um escrito um pouco curioso. Já falamos da narração, mas existem tanto narrações quanto leis, ou prescrições. Isto porque já existe o Código da Aliança (Ex 20–23) e o Código do Deuteronômio (Dt 12–26), este sendo uma reescrita do antigo Código da Aliança. A primeira coleção de leis, portanto, é provavelmente esse Código da Aliança que, no século VII, sob Josias, se pretendia modernizar. Essa modernização passa por um trabalho de reescrita. Mas, curiosamente, não se apaga dos textos o antigo Código da Aliança; ele é preservado. O mesmo ocorre com os relatos. E, mais tarde, acrescenta-se o código ao Livro do Levítico, mais destinado agora aos sacerdotes. Temos, portanto, dentro de um "texto" que se chama Torá (a instrução, o ensinamento), ensinamentos muito diferentes. De imediato surge uma questão: Por que teriam guardado esse código, que normalmente deveria ser substituído por um código mais recente? Seria por uma preocupação arquivista? Não é impossível. Outra hipótese é que uma lei divina não pode ser revogada. Existe essa ideia no Livro de Ester, quando o vizir persa Amã, à força de intrigas, obtém por um decreto a morte de todos os judeus, dado que não aceitam a veneração do rei persa. Quando, graças a Ester, Amã é desmascarado, o rei decide não aplicar esse decreto e não exterminar, portanto, a população judaica; mas, por tratar-se de um decreto, ele não pode ser suprimido. O rei edita então um novo decreto, sem suprimir o primeiro. Alguns têm por quase certa essa ideia de que conservar os textos antigos provém dessa percepção de que um decreto divino, proveniente da Lei de Deus, não pode ser suprimido. E que, igualmente, quando um novo decreto é escrito, urge justapô-lo ao anterior. Hipótese plausível!

Também é possível imaginar ter havido um desejo explícito de mostrar que a Lei deve ser atualizada. E, para significar essa atualização, guardava-se a versão precedente. É o mesmo procedimento presente nos livros de Samuel e dos Reis, que são reescritos nos livros das Crônicas. Os livros das Crônicas reescrevem uma história da realeza, inicialmente (é bastante provável), para substituir um texto muito problemático. Mas foram preservados tanto os livros de Samuel e Reis quanto os livros das Crônicas. Estaríamos diante da mesma ideia de fazer com que os leitores participem desse necessário processo de atualização em lhes dando acesso às fontes? Talvez se trate de uma convicção hermenêutica: contrariamente ao que se poderia pensar, ou segundo uma certa cristandade do *nómos* ou da Lei, o judaísmo nascente obviamente considera a Lei importante, mas talvez não se tenha contentado em dar-lhe uma aplicação literal. Quando temos duas soluções para o mesmo caso, significa que já estamos diante de uma escolha. Talvez seja necessário que dentro da Torá já se possa ver que ela é o produto de uma reinterpretação, de uma releitura permanente. A Torá é questão de uma leitura sempre reiniciada, *infinita* (e não somente a Torá, as outras partes também).

A Torá teria sido escrita no final da época persa, mas as autoridades persas muito provavelmente não se interessaram por ela. Já se especulou sobre o que foi denominado "autorização imperial": a ideia de que os próprios persas teriam pedido às populações do império que apresentassem suas tradições jurídicas e religiosas e que tal fato teria culminado não apenas numa espécie de reconhecimento da lei judaica pelas autoridades persas, mas também numa tentativa de torná-la uma lei persa. O texto bíblico de Esdras 7 teria servido de apoio. Aqui, Esdras, "enviado do rei", sobe com a Lei da Babilônia para Jerusalém. Nesse texto de credenciamento, fala-se da "Lei de teu Deus e da Lei do rei" (Esd 7,26). A Lei – isto é, a Torá, o Pentateuco – é identificada aqui como a lei do rei. Acreditou-se, à leitura desse texto, que a iniciativa teria partido dos persas, sobretudo para explicar a diversidade, já que as autoridades persas não podiam apresentar quatro ou cinco textos diferentes, e que era necessário reagrupar tudo num mesmo conjunto. Se fosse uma iniciativa persa, porém, por qual razão teriam conservado os textos em hebraico? À época, ninguém mais falava hebraico, exceto alguns eruditos e letrados. A língua do império, no Oeste, era o aramaico. É fato que, às vezes, os persas intervinham nas questões religiosas, mas só em casos muito particulares; por exemplo, quando se tratava de legitimar um santuário. Existe uma estela, trilíngue, em aramaico, lício e grego (Estela do Létoon de Xanthos), na qual se pode ler que o sátrapa dá o seu consentimento para que o santuário recenseie tais e tais funções. Temos igualmente o caso de um sacerdote egípcio enviado pelas autoridades persas a Saïs para restabelecer o culto. Talvez os redatores do Pentateuco, que tinham conhecimento disso, quisessem dar mais autoridade a

Esdras, no capítulo 7, ao apresentá-lo como uma espécie de enviado do grande rei, significando assim que não se tratava apenas "do nosso rei", mas também "do rei persa". Hipótese não impossível, mas, historicamente, não podemos afirmar que os persas tiveram essa iniciativa. Trata-se de um processo interno de redação.

No momento em que o Pentateuco toma forma, existe, ao lado do Templo de Jerusalém, o santuário de Garizim, usado pelos precursores dos samaritanos. Estes últimos também se regiam pelo Pentateuco. Como explicar essa história? Seria possível dizer que tudo foi elaborado em Jerusalém, e que em seguida foram encontrar-se com as comunidades do Norte para lhes dizer: "Nós temos uma Lei; adotai-a"? Não! Muito provavelmente não foi isso que aconteceu. É mais plausível supor que houve muito mais contatos e colaborações do que imaginamos, o que ajudaria a explicar a razão pela qual um certo número de tradições do Norte foi conservado e até mesmo valorizado. Inclusive, seria possível imaginar que possa ter havido uma espécie de "comitê de edição" que aperfeiçoou o texto. E sabemos igualmente que havia contatos entre as autoridades de Garizim e as autoridades de Jerusalém. No século V a.C., por exemplo, em Elefantina, uma ilha no Nilo em frente a Assuã, havia um templo de Yahou – outra ortografia e pronúncia de Yahvé [Javé] –, que, aliás, também abrigava uma deusa e outras divindades, mas que, quando esse templo foi destruído pelos egípcios, a comunidade de Elefantina recorreu simultaneamente a Jerusalém e Samaria para pedir ajuda a fim de reconstruí-lo – o que é bastante contrário ao que se pode imaginar na leitura dos textos bíblicos. E os responsáveis de Elefantina receberam respostas de ambas as comunidades! Isso significa que, em situação de diáspora, considera-se a existência de muitas autoridades.

Quando se lê o texto bíblico, é difícil admitir esse fato. Mas, no momento da fixação do Pentateuco, mesmo se ignoramos exatamente o *como*, urge explicar a razão pela qual esse Pentateuco não se encontra unicamente em Jerusalém e na diáspora, mas igualmente em Garizim ou em Siquém, ao norte. Podemos imaginar que já haja aqui uma espécie de síntese, um produto comum, cuja contribuição das autoridades do Norte sem dúvida está incluída. Isso também faz supor que esses textos já estavam em circulação. Os samaritanos, de alguma forma, são herdeiros do antigo reino do Norte, destruído pelos assírios em 722. Mas não podemos afirmar que no momento da destruição todas as tradições nortistas sobre YHWH desapareceram. Temos, portanto, uma continuidade que explica a razão pela qual o Pentateuco é reconhecido pelos samaritanos como a única Bíblia. Assim, à época persa, percebe-se a existência de uma negociação entre o Norte e o Sul sobre a autoridade dos textos.

Outro exemplo desse procedimento é o relato de José, no final do Livro do Gênesis. Aqui, de alguma forma, temos uma maneira de incluir a diáspora egípcia, que outros textos, como particularmente os redatores do Livro de Jeremias, amaldiçoaram e rejeitaram. No Pentateuco relata-se o Êxodo, a saída do Egito, país opressor, mas faz-se preceder esse relato por outro, o de José, que testemunha que se pode muito bem viver e prosperar no Egito.

É possível dizer então, embora de forma um pouco anacrônica, que de alguma maneira o nascimento do Pentateuco representa o nascimento do judaísmo; sem esquecer a ideia de que a identidade das comunidades dispersadas se fundamenta em textos que vão ser recopiados e enviados a diferentes lugares da diáspora, dentro de uma ordem definida pela lógica narrativa. A ordem das outras partes poderá variar, mas tradicionalmente, no Pentateuco, a ordem permanece estável. Isso também explica o fato de o judaísmo, contrariamente ao cristianismo, não considerar as três partes do Tanakh (*Torah*, *Nevi'im* e *Ketouvim*) como equivalentes. A importância recai sobre a Torá. As duas outras partes têm um estatuto diferente. Se considerarmos o conjunto dos Profetas, duas teorias entram em ação. Para a primeira, o livro dos Profetas se divide em duas partes diferentes: a primeira, denominada profetas anteriores, e a segunda, profetas posteriores. Os anteriores e os livros históricos são originariamente vinculados ao Deuteronômio. É o que se denomina história deuteronomista, na qual o Deuteronômio se transforma em grade de leitura que permite relatar toda a história até o fracasso da monarquia, e igualmente justificar esse fracasso pela não observância das leis do Deuteronômio.

Em última análise, o Deuteronômio se torna a conclusão da Torá. O que explica que em alguns ambientes foi possível guardar o Código da Aliança e o Deuteronômio, visto que na origem eles não pertenciam à mesma "biblioteca". O Deuteronômio se encontrava na biblioteca dos livros ditos "deuteronomistas" ou "históricos".

Se fizermos do Deuteronômio uma magnífica conclusão da Torá, já que seu desfecho se dá com a morte de Moisés, o que fazer então com os outros livros? Pouco a pouco eles vão sendo reagrupados em outra "biblioteca": a dos rolos proféticos. É dessa forma que foram constituídos os *Nevi'im*, os Profetas. Esse processo provavelmente se concluiu antes da composição do Livro de Daniel que, para o cânon hebraico, contrariamente ao cânon grego, não era considerado um profeta. Ora, Daniel é o único livro mencionado por Antíoco IV Epifânio, por ocasião da pilhagem do Templo, denominada "a abominação das abominações". Esse dado permite datar o texto de Daniel entre os anos 165 a.C. e 164 a.C. Alguns arriscam afirmar que a coleção dos Profetas foi concluída alguns anos antes de 164.

Mas resta outra pergunta: Daniel teria sido escrito para ser um livro profético? Efetivamente, Daniel nunca foi considerado um profeta. Os gregos o assumem como profeta em razão de suas visões sobre "o fim dos tempos", mas, na primeira parte do livro, ele é um personagem assemelhado a José: pertence à diáspora, vive toda espécie de provações (mais do que José!), é jogado na cova dos leões... Entretanto, assim como José, ele interpreta os sonhos dos reis, e em última análise, é entronizado como vizir. A segunda parte do livro é um relato apocalíptico, quase único na Bíblia hebraica. Portanto, parece pouco convincente usar o fato de Daniel não figurar entre os Profetas para dizer que a coleção teve que ter um desfecho. Outra opção seria perguntar-nos: qual teria sido o contexto histórico para a promulgação dos *Nevi'im*? Resposta: estamos no período dos macabeus ou dos asmoneus, povos que pretendiam inscrever-se na linhagem davídica, tanto na restauração do país quanto na purificação do Templo. Há teorias que situam a conclusão da parte dos Profetas, portanto, mais especificamente no período dos asmoneus. Relata-se assim a história até a destruição do Templo, acrescentando em seguida os profetas como testemunhas das desgraças recaídas sobre Jerusalém, os quais, simultaneamente, dão continuidade ao anúncio de restauração. Assim, parece mais plausível dizer que essa segunda parte, denominada Profetas, é fixada no período dos asmoneus; sem esquecer a ideia de que o essencial é o Pentateuco, é a Torá. Efetivamente, no finalzinho dos Profetas, com Malaquias, repete-se a importância da Lei de Moisés na expectativa da volta de Elias, fato que abre uma perspectiva escatológica, muito embora simultaneamente se acentue a necessidade de viver segundo a Lei de Moisés. De certa forma, é o que de fato aconteceu com o judaísmo: na prática da sinagoga, a Torá é lida por inteiro; já os Profetas aparecem como uma segunda leitura, por extratos, nunca do começo ao fim, como para a Torá. Certamente desejou-se uma segunda parte de todos esses textos, mas ela nunca foi realmente considerada em paridade de autoridade com a primeira.

E quanto à terceira parte, os Escritos, como determinar sua conclusão? À Era Cristã, após a destruição do Templo pelos romanos no ano 70, ou talvez após a Segunda Revolta de Bar Kokhba (132-135), época em que os cristãos usavam os mesmos textos, fez-se necessário definir quais eram os textos a preservar como textos inspirados, como textos sagrados. A explicação sobre a escolha desses textos é uma questão difícil. Para Albert de Pury, era necessário mostrar aos gregos, visto que também se trata de uma discussão com a cultura helenística – estamos nos primeiros séculos de nossa era –, que os judeus também têm um cânon das Escrituras que remete à história, à poesia, à sabedoria, à tragédia, ao erotismo (Pury, 1991). Todo esse enredo está realmente presente nesses escritos da terceira parte. Seria uma explicação correta, ou se trataria apenas de acrescentar determinado número de textos, por serem atribuídos a Salomão e gozarem de um certo respeito? O que é possível afirmar de fato é que a definição dos Escritos e a constituição da Bíblia hebraica ocorreu em simultaneidade com a definição da Bíblia cristã.

Entretanto, se alguns textos foram redigidos ou retrabalhados bem depois dos persas, a própria história, na Bíblia, não vai além dos persas. Como se se imaginasse que a história tem um desfecho neles e, portanto, não seria necessário integrar textos cuja redação fosse posterior a eles. Essa é a razão pela qual o Eclesiástico [Sirácida] não entrou no cânon judeu, já que o autor confessa ter traduzido a obra de seu bisavô e o prólogo ter mencionado um Rei Ptolomeu do segundo século antes da Era Cristã. Já o Eclesiastes [Coélet], um livro bem mais subversivo e quase da mesma época, entrou no cânon porque o texto pôde ser atribuído a Salomão, assim como o Cântico dos Cânticos e os Provérbios. Para os outros livros, escritos no período helenístico, podemos situar Rute à época dos Juízes, Jonas no século VIII, Ester sob os persas. Entretanto, existe aqui a ideia geral de que, de fato, a história termina com os persas; o que corresponde à ideia presente no judaísmo de que a profecia também tem seu desfecho no período persa. Com o exílio, segundo o Talmude, a inspiração foi retirada dos profetas e dada aos sábios e aos escribas. O que corrobora a ideia de que os verdadeiros profetas são aqueles dos quais possuímos livros. O exegeta e historiador Pierre Gibert o diz claramente: "Os verdadeiros profetas são os profetas mortos". Impossível imaginar – abre-se uma pequena janela com a afirmação do retorno de Elias, mas trata-se de uma figura antiga – a existência de futuros novos profetas. A volta de Elias contradiz a ideia presente em Joel de que YHWH vá derramar seu espírito profético sobre a totalidade do povo. Prefere-se ficar com um único profeta, e isso é suficiente; sinal de uma espécie de desconfiança do judaísmo – a facção que posteriormente é identificada como judaísmo rabínico fariseu – perante os ambientes demasiadamente escatológicos, de onde emergirá o Novo

Testamento. Jesus e Paulo representam exatamente a ideia de um fim de mundo próximo. Os escribas interrogam Jesus: "És realmente o profeta?" Esse debate é recorrente nos Evangelhos: seria Jesus o Elias que voltou? O próprio Jesus responde negativamente; não sou Eu, é João Batista. Portanto, Elias voltou, e o "fim dos tempos" começou. O *Dia de YHWH*, identificado com o fim dos tempos, começou. Em relação a essas especulações, o judaísmo é bastante reservado até hoje. Os Profetas obviamente são importantes, mas enquanto ensinamento, enquanto livros.

No Quarto Esdras (um livro pseudepígrafe, não constando no cânon, do século I), narra-se que Esdras teria sido inspirado a fazer escrever inúmeros livros. Noventa e quatro livros, mas somente 24 como "livros revelados", sendo os 70 restantes livros reservados somente aos iniciados. Essa reflexão sugere que houve sem dúvida uma profusão de escritos apocalípticos, mas que nem todos deviam estar nas mãos de todos. Em Qumran descobriu-se escritos apocalípticos como *Os rolos de guerra*, ou *As regras da comunidade*, ilustrando um combate entre as forças do mal e as forças do bem, mencionando a comunidade dos essênios, uma facção paralela do judaísmo. Comunidade que teve que se afastar de Jerusalém por não ser bem-vista. Mais um sinal de que a Bíblia se constituiu em oposição a esses ambientes escatológicos, abertos ao fim dos tempos.

O cânon é uma reunião de textos, mas também a exclusão de muitos outros. O que supõe, portanto, debates e lutas.

No Talmude, os livros que se encontram no cânon bíblico são objetos de discussão; notadamente Ezequiel, pois em sua visão final é descrito o culto no Templo reconstruído, e nessa visão certas ideias são julgadas incompatíveis com as leis do Levítico. Um profeta que tem visões incompatíveis com a Torá suscita discussão e problemas. Outros livros discutidos são o de Ester, o Cântico dos Cânticos e Coélet.

Frequentemente se evoca um "sínodo" ou uma assembleia realizada em Yavne, após a destruição do segundo Templo, que teria decidido os textos que seriam preservados. Muito provavelmente deve ter sido um processo bem mais longo, igualmente com oposições ou deformidades diante da decisão oficial. Um exemplo: na Guenizá do Cairo foram encontrados fragmentos de manuscritos bíblicos, juntamente com o Livro do Eclesiástico [Sirácida], em hebraico. Mesmo que esse livro não tenha sido inserido no cânon, certamente ele devia ser muito conhecido, já que na sinagoga acima mencionada conservou-se um exemplar.

A constituição do cânon realizou-se, pois, entre o final da época persa e os inícios da Era Cristã. Nesse cânon não temos uma mensagem unificada. Alguns textos dos Provérbios afirmam que os justos conhecerão a felicidade e os maus serão punidos, mas esses textos coabitam com os de Jó ou Coélet, mais críticos quanto à compreensão das decisões do "Deus que está nos céus". Aqui, novamente, estamos diante de afirmações e contradições.

A ordem dos Escritos, como vimos, não é de fato fixa. É interessante salientar que na maioria dos manuscritos os livros das Crônicas são postos no fim. Se seguíssemos uma narrativa lógica, as Crônicas deveriam ser seguidas de Esdras e Neemias, visto que o relato das Crônicas acaba com a chegada de Ciro, e Esdras e Neemias narram a sequência, ou seja, a restauração e a reconstrução sob os persas. Nas bíblias judaicas, no entanto, nunca encontramos a seguinte ordem: Crônicas, Esdras, Neemias. Por que as Crônicas são colocadas no fim? Vale lembrar que as últimas palavras do Livro das Crônicas são: "Assim fala Ciro, rei da Pérsia: YHWH, o Deus do céu, me deu todos os reinos da terra. Ele me encarregou de construir para si um templo em Jerusalém, na terra de Judá. Quem dentre vós faz parte deste povo, de todo ele? Que YHWH, seu Deus, esteja com ele, e que suba!" (*alyah*, em hebraico) (2Cr 36,23). O último livro da Bíblia hebraica termina com o apelo *alyah*. É um final aberto. As três partes do cânon acabam dessa forma, e não com um desfecho propriamente dito. No final do Pentateuco, Moisés morre, mas não se sabe se é possível entrar na terra prometida; os Profetas evocam o retorno de Elias, mas não se sabe nem quando nem como; os Escritos terminam com o *alyah*, mas sabe-se perfeitamente que muitas comunidades permaneceram na diáspora. No final, no entanto, sempre há uma espécie de abertura. O que talvez explique a razão pela qual as Crônicas são situadas lá: para fazer uma espécie de síntese de tudo. De fato, as Crônicas oferecem uma espécie de recapitulação da história, indo de Adão aos persas.

A constituição dos textos da Bíblia hebraica não responde a uma lógica cronológica, como na Bíblia cristã. Os escritos nas bíblias gregas igualmente foram reorganizados, colocando Rute e Ester com os livros históricos, Crônicas, Esdras e Neemias; ou colocando Daniel com os Profetas e as Lamentações. Somente os Salmos, o Cântico dos Cânticos, os livros de sabedoria (Provérbios, Jó, Coélet) foram conservados, aos quais acrescentou-se o Eclesiástico e a Sabedoria de Salomão. Fez-se da "coleção dos escritos", com um título bastante abrangente, uma espécie de "pequena coleção" de sabedoria. Subsiste claramente aqui a ideia de preservar uma unidade segundo os gêneros literários. Temos, pois, depois do Pentateuco, os livros de história, aos quais se acrescentou ainda Judite, Tobias e os Macabeus, além dos escritos que reúnem livros de sabedoria e livros dos Profetas. Essa ideia de cânon é bastante diferente da concepção do cânon judeu, embora se tenha conservado para os Escritos o vínculo com a Torá, dado que, como o declara o Salmo 1: "Feliz o homem [...] que se compraz na Lei de YHWH".

Na Idade Média, o judaísmo reagrupou cinco rolos dos Escritos, os *Meguiloth* (Cântico, Rute, Lamentações, Coélet, Ester). Rolos que são lidos do início ao fim por ocasião de festas específicas. Existem algumas bíblias judaicas que também colocam esses cinco rolos depois do Pentateuco. Provavelmente por razões litúrgicas, em razão de serem lidos inteiramente. Por exemplo, o Cântico no período da Páscoa, as Lamentações por ocasião da comemoração da destruição do Templo, Ester no Purim, Rute no Chavuot.

No judaísmo nunca houve a ideia de uma coerência tal como nós a concebemos. O conjunto foi construído sob o princípio de uma "concorrência" dos relatos, e o sentido é extraído da presença desses paralelos, dessas contradições, dessas retomadas. A Bíblia, nesse sentido, nem sempre diz o que cremos. *Uma "Bíblia" pode esconder outra.* A Bíblia, diferentemente de outros grandes textos do patrimônio humano, permite ler e interpretar ilimitadamente a história de sua própria constituição, de suas adaptações, fazendo de cada um de seus leitores, ao longo das gerações, um responsável, entre outros, de sua compreensão e de sua coerência.

Referências

ALLEN, W. *Dieu, Shakespeare et moi*. Tradução de Michel Lebrun. Paris: Éditions Solar, 1979. vol. 1 e 2.

KIERKEGAARD, S. *Crainte et tremblement*. Tradução de Charles Le Blanc. Paris: Rivages Poche, 1999. [*Temor e tremor*. São Paulo: Hemus, 2009.]

LORAUX, N. *Né de la terre*: Mythe et politique à Athènes. Paris: Seuil, 1996.

PURY, A. Le canon de l'Ancient Testament. Ecritures juives, littérature grecque et identité européenne. *In*: Protestantisme et construction européenne. *Actes du Colloque des Facultés de théologie protestante des pays latins d'Europe*. Bruxelas, 1991, p. 25-46.

PURY, A. Abraham: the priestly writer's "ecumenical" ancestor. *In*: McKENZIE, S.L.; RÖMER, T. (org.). *Rethinking the foundatios*: historiography in the ancient world and in the Bible. Essays in honour of John Van Seters. Berlim: De Gruyter, 2000. p. 163-181.

STROUMSA, G.G. *La fin du sacrifice*: Les mutations religieuses de l'Antiquité tardive. Paris: Odile Jacob, 2005. (Coleção Collège de France).

Conecte-se conosco:

f facebook.com/editoravozes

⌾ @editoravozes

𝕏 @editora_vozes

▶ youtube.com/editoravozes

☎ +55 24 2233-9033

www.vozes.com.br

Conheça nossas lojas:
www.livrariavozes.com.br

Belo Horizonte – Brasília – Campinas – Cuiabá – Curitiba
Fortaleza – Juiz de Fora – Petrópolis – Recife – São Paulo

  Vozes de Bolso

EDITORA VOZES LTDA.
Rua Frei Luís, 100 – Centro – Cep 25689-900 – Petrópolis, RJ
Tel.: (24) 2233-9000 – E-mail: vendas@vozes.com.br